前橋学ブックレット 16

上川淵地区の伝統行事と祭り

上川淵地区郷土民俗資料館 編

上毛新聞社
BOOKLET

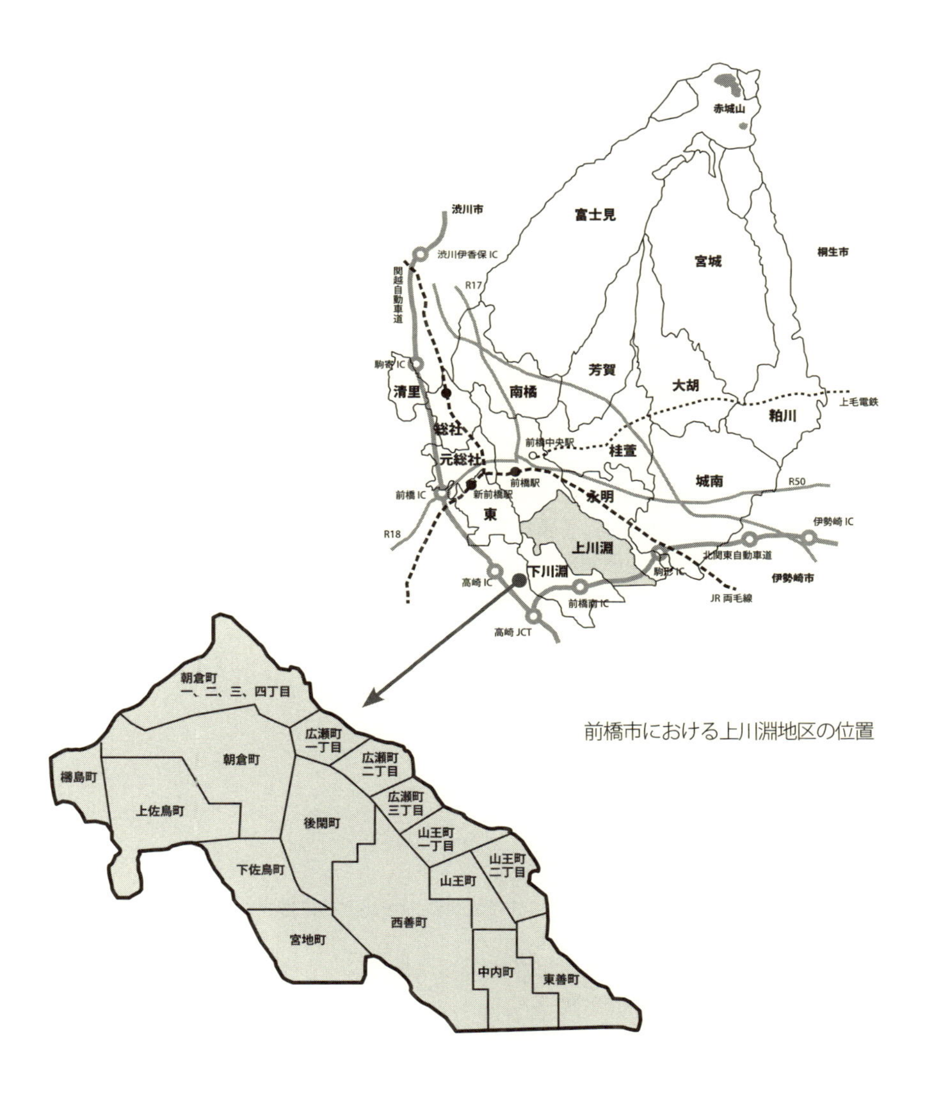

前橋市における上川淵地区の位置

目　次

はじめに

上川淵地区とは

上川淵地区とは、前橋市の行政区の一つです。近代行政村でいえば、明治の大合併で誕生した上川淵村と上陽村の一部から構成されています。同地区は前橋市南部の農村地帯でしたが、天川町から朝倉町・後閑町・山王町・西善町にかけて大規模な住宅団地が造成され、昭和 50 年（1975）・同 55 年には新しい町が誕生しました。

現在では、朝倉町・後閑町・上佐鳥町・橳島町・下佐鳥町・宮地町・西善町・東善町・中内町・山王町・朝倉町一～四丁目・広瀬町一～四丁目・山王町一～二丁目からなる大規模な行政区ですが、現在に至るまでには、明治・昭和の大合併の影響を受け、幾多の変遷がありました。

明治の大合併

上川淵村は明治 22 年（1889）4 月、東群馬郡の六供村・市ノ坪村・橳島村・朝倉村・後閑村・上佐鳥村・下佐鳥村・宮地村・前代田村・宗甫分村・天川原村・紅雲分村が合併し誕生しました。

しかし、このうち紅雲分村・前代田村・宗甫分村・天川原村の 4 ヵ村の一部は前橋町に編入となりました。さらに前橋町が明治 25 年に市制を施行することになると、前記の 4 ヵ村の一部が編入となり、同 34 年には上川淵村に残っていた旧の紅雲分村・前代田村・宗甫分村・天川原村と六供村・市ノ坪村が前橋市に編入されました。

明治 29 年には郡制施行による郡分合が行われ、東群馬郡と南勢多郡が合併し勢多郡となったため、同郡上川淵村となりました。同村は明治の合併で誕生したときには 12 の旧村から構成されていましたが、前橋市に半分が編入され、橳島・朝倉・後閑・上佐鳥・下佐鳥・宮地の６つの旧村からなる自治体となりました。大正期から前橋市への編入が検討されましたが、実施に至りませんでした。

上陽村は明治 22 年４月、那波（なは）郡の山王村・中内村・東善養寺（ひがしぜんようじ）村・西善村・飯塚（いいづか）村・藤川（ふじかわ）村・樋越（ひごし）村・上福島（かみふくしま）村が合併して誕生しました。このうち山王村と中内村は慶安年間に東善養寺村から分村。西善村は明治９年（1876）に西善養寺村・両家（りょうけ）村・横堀（よこぼり）村・矢田（やた）村が合併して成立しました。もともと両家・横堀・矢田は西善養寺村と一村であったものが分村したといわれていますが、その年代は不明です。さらに東善養寺は大正６年（1917）に東善と改称されました。明治 29 年の郡制施行により那波郡と佐位（さい）郡が合併し佐波（さわ）郡となり、同郡上陽村となりました。

昭和の合併

昭和の合併は、昭和 28 年（1953）町村合併促進法が施行され、これを受け群馬県で合併計画試案を公表したことに始まります。県の試案では勢多郡上川淵村は前橋市に、佐波郡上陽村は同郡玉村（たまむら）町・同郡芝根（しばね）村と合併することが示されました。上川淵村は翌 29 年に前橋市となり、各大字が町名となりました。

上陽村では合併推進派と反対派の対立が起こりました。反対派は生活圏との関係から前橋市への合併を要望しました。そこで、昭和 30 年に玉村町と芝根村が合併したのに対して、合併を見送り、町村合併促進法が失効となる翌 31 年９月には、村長以下三役と全村議会議員が辞職しました。町村合併促進法が失効すると、新市町村建設促進法が施行され、県では翌 32 年３月 18 日、上陽村と玉村町と群馬郡郡南村の一部を合併するよう勧告しました。上陽村では勧告に従い、８月１日に玉村町に合併しました。

しかし、群馬県知事は事態の円満解決を図るため、大字西善・山王・中内・

東善の地区について、群馬県町村合併調整委員の斡旋に付しました。調整委員は実態を調査し、同33年5月27日、同地区を前橋市へ境界変更する斡旋案を、前橋市と玉村町に示しました。両市町とも合意し協議を進め、同35年（1960）4月1日に前橋市へ境界変更となりました。旧上陽村は西善・山王・中内・東善が前橋市の町名となりました。

新町の誕生

昭和34年から朝倉町内に県営住宅が建設されたことにより世帯・人口が増加し、県営・市営住宅をはじめとする朝倉団地（朝倉町・天川町・後閑町の各一部）は同50年から朝倉町一～四丁目となりました。

さらに同41年から市・県営住宅や分譲住宅が建設され広瀬・山王団地が造成されました。同団地（朝倉町・後閑町・山王町・西善町の各一部）は同50年から広瀬町一～三丁目と山王町一丁目となり。さらに山王町二丁目が山王町・東善町・下大島町・小屋原町・駒形町の一部から同55年に成立しました。

このように上川淵地区は、旧勢多郡上川淵村と旧佐波郡上陽村と両村にまたがる住宅団地造成により誕生した地域の各町から構成されています。近代において行政、産業、教育など郡単位で行われてきましたので、上川淵地区は勢多郡（郡役所は前橋）と佐波郡（郡役所は伊勢崎）という違う郡に属した行政村を合わせた地域となりますが、地勢・交通・経済など日常生活圏を同じくする地域でもありました。

本書のねらい

朝倉・後閑・山王団地などが造成された区域は一大古墳群でした。広瀬町二丁目にある飯玉（いいだま）神社は、後閑町の集落から少し離れた古墳群の中にある鎮守でした。いまでは団地や店舗に囲まれているように、景観の変貌は著しいものがあります。

明治期以後、米麦・養蚕を複合経営する農村地帯で、江戸時代からの地形に合わせて水田、畑（桑園）、雑木林などが混在していました。そうした風景も、昭和 42 年から開始された土地改良事業により、機械化に適応する区画に整備され、農地のそれも一変しました。集落のほとんどは環濠集落でしたが、土地改良事業は集落内にまで及び、河川は改修され、池や沼、環濠集落の多くが姿を消しました。

戦後の高度経済成長により、生活様式も都市化され、医療・衛生なども発達し、離農が進み、自家用車も一家に一台以上所有するようになりました。

このように、上川淵地区内の集落で継承されてきた伝統行事や祭りを生み出した風土的諸条件は、まったく失われたといっても過言ではありません。しかし、人々は幸せを願い、工夫を重ね行事や祭りを引き継いできました。

少子化、情報化はますます進展し、伝統行事や祭りは今後どのようになるのでしょうか。それは全国的な問題でもあります。平成も改元し新しい時代が始まります。日常生活まで大きく変わる転換期を迎えています。これからの上川淵地区の地域づくりを考える一助として、平成の時代まで引き継がれた伝統行事と祭りの姿や問題点を記録化することにしました。

旧上川淵村・旧上陽村の神社・寺院

伝統行事と祭りは、神社・寺院と深い関わりを持っています。そこで本書をよりよく理解していただくために、11 ページに旧上川淵村と旧上陽村の神社と寺院・堂宇を一覧にまとめました。また「上川淵地区の伝統行事と祭り」の位置図を載せました。

表1　旧上川淵村の神社

町	字	神社	社格	合併した神社
橳　島	西　宮	飯玉神社	村　社	
朝　倉	鎮守廻	飯玉神社	村　社	石神社
後　閑	飯　玉	飯玉神社	村　社	
上佐鳥	上　野	春日神社	村　社	三柱神社、八幡社
下佐鳥	村　内	八 幡 宮	村　社	春日社、稲荷社
宮　地	梅天神	赤城神社	村　社	

表2　旧上陽村の神社　＊玉村町へ

町	字	神社	社格	合併した神社	
山　王	田　尻	日枝神社	村　社	稲荷社（中内）、天神（西善） 神明社（西善）、稲荷社（西善） 熊野社（西善）、天神社（東善）	
飯　塚	上速見	飯玉神社	村　社	大鷲社、八坂社	＊
藤　川	宮　本	稲荷神社	村　社	諏訪社、八坂社	＊
樋　越	神　明	神明宮	村　社	諏訪社、飯玉社、稲荷社、八幡宮	＊

表3　旧上川淵村の寺院・堂宇

町	大字	寺院	山号	院号	宗派	本尊	本山など
朝　倉	上廓	永福寺	示現山	延命院	天台宗	延 命 地 蔵	円満寺
朝　倉		観音堂			天台宗	馬 頭 観 音	永福寺持。昭和4年廃止。
朝　倉		薬師堂			天台宗	薬 師 如 来	永福寺持。昭和4年廃止。
後　閑	上町	円満寺	医王山	円融院	天台宗	薬 師 如 来	長楽寺
後　閑		観音寺			天台宗	十一面観音	明治10年円満寺へ合併
後　閑		萬日堂			天台宗	阿弥陀如来	観音寺持。堂宇滅失し昭和15年廃止。
上佐鳥	上野	西光寺	佐鳥山	安養浄土院	天台宗	阿弥陀如来	延暦寺
上佐鳥	西原	円光寺	紅葉山		天台宗	地 蔵 菩 薩	乗明院へ合併
橳　島	川田	瑠璃光寺			天台宗	阿弥陀如来	乗明院へ合併
橳　島	川西	霊祖堂			天台宗	近藤弥功霊	瑠璃光寺持。堂宇滅失し昭和15年廃止。 飯玉神社境内に近藤弥功神社を奉祀。

表4　旧上陽村の寺院・堂宇　＊玉村町へ

町	字	寺院	山号	院号	宗派	本尊	本山など	
山　王	田　尻	禅養寺	日吉山	寂光院	天台宗	釈迦如来	長楽寺	
西　善	根　岸	祝昌寺	鷲峯山	馬頭院	曹洞宗	釈迦如来	橋林寺	
中　内	常　光	観音堂			曹洞宗	聖観世音	祝昌寺	
飯　塚	上速見	光琳寺	宮柴山	宝塔院	天台宗	阿弥陀如来	延暦寺	＊
樋　越	中ノ坊	花臺寺	日吉山	遍照院	真言宗豊山派	阿弥陀如来	惣持寺	＊
藤　川	前　通	観音堂			真言宗豊山派	十一面観音	花臺寺持	＊
藤　川	中　通	薬師堂			真言宗豊山派	経門薬師 瑠璃光如来	花臺寺 現存せず	＊

上川淵地区の伝統行事と祭り 位置図

上川淵地区郷土民俗資料館

1　太々神楽

(1) 上川淵地区の太々神楽

上川淵地区の太々神楽は、4月の第1日曜日に広瀬町二丁目の飯玉神社、4月第2日曜日に山王町日枝神社、5月3日の祝日に上佐鳥町の春日神社と、それぞれ三社の例祭日において奉納されます。

太々神楽の演舞・継承は、春日神社では自治会が中心になって結成された春日神社太々神楽保存会が担い、飯玉神社は飯玉神社御神楽保存会（岩戸会）が担っています。日枝神社は、昭和61年以後は毎年、飯玉神社御神楽保存会による舞が奉納されています。

『勢多郡誌』（昭和33年）によると、江戸時代には下南室の赤城神社（旧北橘村、渋川市）・三夜沢の赤城神社（旧宮城村、前橋市）・産泰神社（前橋市）の三社の神官と修験道の行者で神楽を奉納していましたが、明治5年（1872）に修験の廃止令により、この制度が廃止されてしまいました。そこで、下南室赤城神社の神官・金古真幸が御嶽神社（東京都）に伝わる神楽を学び復興しました。一方、産泰神社では神官・鯉登家が出雲大社（島根県）で神楽を修得しました。

明治期以降の神楽は、産泰神社と下南室の赤城神社が中心となり、産泰神社から上佐鳥町の春日神社、後閑町の飯玉神社、山王町の日枝神社に伝わりました。春日神社の太々神楽については、「前橋市教育委員会文化財調査報告書第5集」（昭和50年）には、三夜沢の赤城神社の太々神楽が、嶺町の大嶺神社に伝承され、明治の中頃に大嶺神社から春日神社へ伝承されたとあります。しかし、『上川淵村誌』には明治中期に、村田真太郎・林積太郎・松本治作ら13人が産泰神社から伝授されたとあります。こうした差異がありますが、上川淵地区の太々神楽は産泰神社から伝承されたものといえます。

春日神社太々神楽は、昭和 49 年に前橋市重要無形文化財に指定されています。『前橋の文化財』には、「蚕の舞」は明治 16 年に始まった下南室の赤城神社から伝えられたと記されています。「蚕の舞」は県内にこの 2 例が伝わるだけです。

なお、春日神社の「蚕の舞」は、養蚕習俗をその舞に取り入れていることから、群馬県の絹産業遺産の PR に貢献し、平成 25 年 5 月開催の「シルクカントリーぐんま世界遺産キャンペーン」会場における演舞をはじめとして、9 月には世界遺産調査委員会（イコモス）の歓迎会において「蚕の舞」を演じるなど、文化交流の促進、世界遺産登録に向けての理解を深める上での役割を果たしました。

（2）春日神社の太々神楽

上佐鳥町の春日神社では、毎年 2 月 3 日に節分祭を行い、翌日の立春から数えて 88 日後の八十八夜が祭日で、太々神楽を奉納していました。しかし、最近では、休日でないと実施が難しいことを考慮して、祝日に当たる 5 月 3 日を祭日と決めて、神楽も奉納するようになりました。

この日、氏子をはじめ近郷近在の多くの人たちが神社に参拝し、地域の安泰や家内安全、養蚕・五穀豊作、悪魔退散など祈願します。そして、境内の神楽殿では、笛太鼓に合わせて、神楽が華麗に舞われます。

昔のお祭りは、村中挙げての大きな行事で、どこの家でも赤飯を炊き、酒肴を準備し、親戚知人を招待して盛大に行われました。また、神社の境内から一本杉稲荷への参道に至るまでの間、露店がいっぱい出て、生活用具や農業用の資材、子ども向けの駄菓子などを商い、大変な賑わいでした。

春日神社の太々神楽は、赤城神社系統の神楽で、明治の中頃、産泰神社から伝授されました。当初、神楽殿も衣装もなかったので、とりあえず仮設の屋台を設け、借り衣装で舞を奉納していました。昭和５年（1930）に神楽殿を建設、続いて同12年に衣装を新調し、地域の人たちの長年の念願が達成されることになりました。現在、春日神社の神楽保存会で継承している神楽舞は20座ありますが、このうちの13座が毎年奉納されています。神話を題材とする厳粛な式舞と笑いを誘う愛嬌舞とを組み合わせ、観るものを飽きさせない構成になっています。

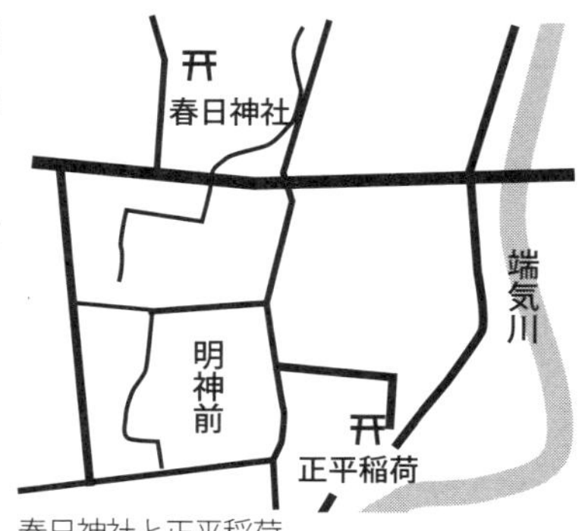

春日神社と正平稲荷
「昭和９年上川淵村全図」より

当日、午前10時に舞子さん（20人）が神楽殿に昇り、宮司によるお祓いを受け10時半頃から、笛や太鼓の演奏に合わせて神楽舞が始まります。

次に神楽舞のプログラム（予定）を紹介しましょう。

《第一座　二人天狗の舞》

天狗の神通力により、四方の厄祓いを行います。

《第二座　四柱の舞》

素顔で幣束を持ち、白丁姿、烏帽子で舞い、四方固めを行います。

《第三座　細目の舞》

四季、春夏秋冬の自然に感謝し、軽快なリズムで、晴れやかに表現されます。

《第四座　戸隠の舞》

高天原にあったという、天の岩屋の戸を開きます。

《第五座　猿田彦の舞》

天照大神の命を受けて、天孫の先頭に高天原から日向国の高千穂に伊勢国五十鈴川上に鎮座した魁（かい）。

《第六座　餅搗きの舞》

火男（ひょっとこ）とオカメが餅搗（つ）き所作で、面白おかしく見物人を沸かせる愛嬌舞。

―この辺りで昼食になりますー

《第七座　剣（つるぎ）の舞》

剣により悪魔を伏する鎮魂の舞。

《第八座　蚕の舞》（昭和 49 年前橋市重要無形文化財指定）

養蚕の掃き立てから上蔟（じょうぞく）までの所作を取り入れた愛嬌舞で、見物人を沸かせます。終わり近くの場面で縁起物が撒かれます。（上蔟＝蚕児が十分に成熟して、繭をつくらせる場所である蔟（まぶし）に入れてやること。）

《第九座　鍛冶屋の舞》

火を起こし、鉄を真っ赤に焼き、鍬や鎌などを鍛える様子を伝える舞。

《第十座　春日の舞》

腰を曲げた白老が、ゆっくりしたテンポで、春日神社に敬意を捧げて舞います。

《第十一座　明神の舞》

祇園囃子を取り入れ、火男を山車に見立てて曳く賑やかな舞。

《第十二座　大工の舞》

手斧を使って木材を削る様子を、おかしく表現し、笑いを誘う上棟の祝い餅が撒かれます。

《第十三座　火神の舞》

火を司る神の式舞。

以上で午後４時半頃にお開きになります。

(3) 蚕がいた頃の暮らしと春日神社の祭り

夏も近づく八十八夜、蚕具を川の洗い場で洗い、蚕の掃立ての用意を整え、5月2日、八十八夜、この日は氏子をはじめ近郷近在の多くの人たちが神社に参拝し、境内の神楽殿では、笛太鼓に合わせて神楽が舞われます。

村中どこの家でも赤飯を炊き酒肴を準備し、親戚、知人を招き、共に楽しみ、これからの本格的農作業に備え、鋭気を養い体力のパワーアップをはかりました。

この時期“4月5月”になると農家の財布が底をつき、年度の最初に短期間で換金できる養蚕に生計を託しました。しかし、時に蚕は病気に弱く期待に反することが多々ありました。悩んだ末、昔の氏子が感謝の気持ちと豊繭を祈願し、春日神社の神楽と一緒に蚕の舞の神楽を考案し奉納しました。農家は精進し、一層蚕に力が入り収繭量が増し、春日神社の御利益があると話がたちまち広まり、親戚や近隣、遠方からも春日神社に豊繭を祈願しました。

お札を受け、蚕の舞で投げる竹の割箸が、掃き立ての際に蚕を小分けして広げるのに使用すると蚕の病気を防ぐ効果があるとされ、その竹の割箸を拾う大勢の観衆で賑わいました。数多くの露店が出て、その中の一番良い場所に一番広く蚕具を扱う「籠屋」が毎年同じ場所に店を構え、農家は不足する道具を買い求めました。畑も陸稲栽培から桑園に変え、掃き立ての箱数も増えました。

春日神社と正平稲荷の両方に大勢の参拝者が来て、中には御稲荷さんへ油揚を100枚上げ、「繭百貫取り」を祈願する農家も現れました。桑の苗木も良く売れました。

養蚕がますます盛んになり共同稚蚕飼育所が各地に造られ、その建物の地鎮祭の鍬入れの土に春日神社の境内の土をもらいに来て使用されました。

[コラム 1]　荒神様と神社併合

日露戦争後に政府は地方改良運動の一環として神社併合を進めました。その結果、江戸時代からの祭礼も変容を余儀なくされました。『上川淵村誌』によると、上佐鳥地区でも明治 40 年 5 月、新町の三柱神社と西原の八幡宮が春日神社に合祀されました。上佐鳥地区の奉納芸能（歌舞伎など）、屋台、灯篭祭りなどの祭事は、三柱神社の前身である「荒神様」を中心に行われていました。

上佐鳥町 1357 番地に古墳（円墳　上川淵村第 2 号古墳）があって、享保年間に西光寺住職 20 世妙圓が「荒神様」を祀りました。付近には「御伊勢ヵ原太神宮様」「神明様」もあり、ともに西光寺で管理していました。明治初期の神仏分離令により西光寺の手を離れ、社掌に代田信近が就任しました。代田社掌は明治 21 年に荒神様・御伊勢ヵ原太神宮様・神明様を合祀し「三柱神社」としました。

荒神様では繭の豊穣を願って太々神楽が舞われました。祭日に養蚕豊穣の祈願をして繭の生産が上がると、翌年の祭日には「奉納大願成就　奉納者名」を書いた旗（幅 1 尺、長さ 6 尺）と金一封を奉納しました。旗は宮司の祈祷を済ませ参道の両側に立てられました。同日には正平稲荷神社でも祭りが行われ、荒神様と正平稲荷を行き交う参詣者で「佐鳥千石」界隈は賑わいました。荒神様の社務所は芝居や歌舞伎ができる特殊設計になっていました。荒神様の灯篭祭りも参道から春日神社まで及んだといいます。

上佐鳥地区では荒神様を中心に祭事が盛んでしたが、荒神様（三柱神社）が春日神社に合祀されたことにより、荒神様の社務所が春日神社に移築され、同社に神楽殿も建設され、春日神社と正平稲荷神社を中心とする大祭になりました。正平稲荷神社も古墳（円墳 上川淵村第 3 号古墳）に祀られ、社屋の後ろに一本杉があることから「一本杉正平稲荷」と称され、春日神社から正平稲荷を参拝する人には「一本杉正平稲荷大明神」の小旗が用意されました。

（4）春日神社太々神楽「蚕の舞」（前橋市重要無形文化財）

① 蚕の飼育カゴを持った二人の下男（ひょっとこ）が現れる。神棚に向って多収穫を祈り深々と一礼して舞を始める。

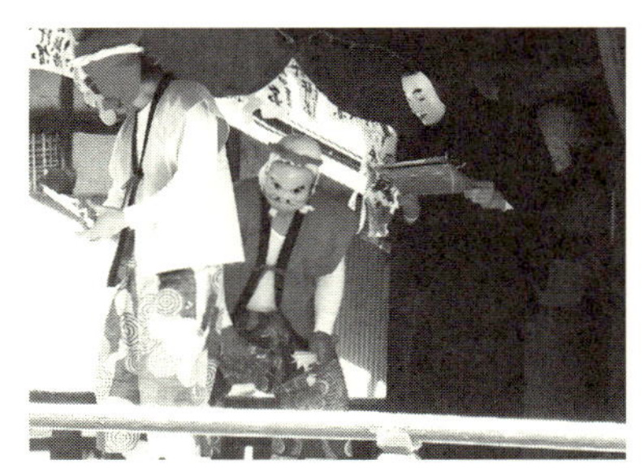

② その後、主人と主婦が孵化したカイコを入れた容器を持って現れ、神前にぬかずいた後、蚕の掃き立てを行う。

③ 下男たちは畑で桑切りを始める。

④ 落雷の音を聞いて仰天。

⑤ 気持ちを取り直して、また仕事を始めると、今度は・・・・。

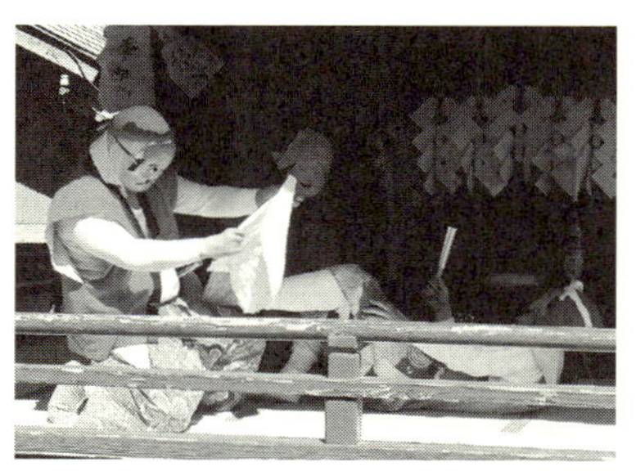

⑥ 桑切りの際、足を切って大騒ぎ。あわててフンドシを引き出して傷の手当てをする。

⑦ 桑の枝から葉をもぎ落とし、かごに集める。

⑧ 何回か桑くれすると蚕は成長し、そろそろ糸を吐く兆しが現れる。この兆しを〝ず〟になったといい、主婦が蚕をかざして見る。

⑨“ず”ができた喜びを観衆に披露する。蚕の舞は、〝ず〟になった蚕を拾ってわら蔟（まぶし）に移す、上蔟（じょうぞく）まで行う。

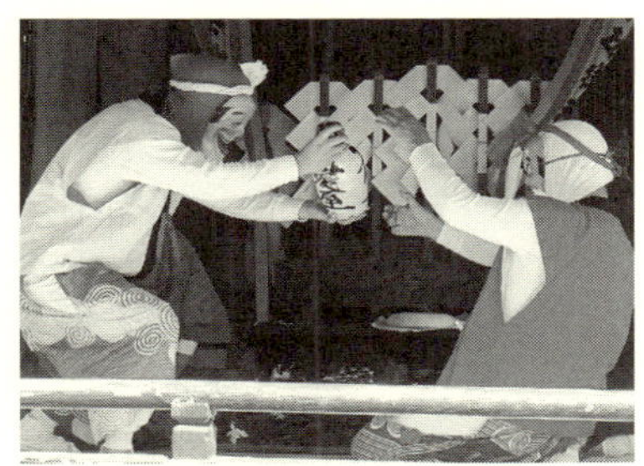

⑩ 旦那の指示で祝い酒を用意して、残った酒を最後まで飲む下男たち。

⑪ 蚕の舞は最後に、縁起物の大盤振る舞い。ひょっとこが滑稽なしぐさで観衆を沸かせ、神楽殿の周囲は人と神とが一体となったかのように盛り上がる。

⑫ 多収穫を祝い観衆にも縁起物を分け、ともに祝う。現在の縁起物は、子どもたちが喜ぶ楽しいお菓子。

［コラム 2］ 世界遺産に向けて披露された「蚕の舞」

平成25年(2013年)9月25日、群馬ロイヤルホテルにおいて、イコモス(世界遺産調査委員会）の歓迎レセプションが開催されました。大澤正明群馬県知事のあいさつ後、歓迎アトラクションで「春日神社太々神楽」の「蚕の舞」を演じることができました。日中調査委員(中国籍他数人)の方々は、富岡製糸場や絹産業遺跡群を調査され、大変お疲れの様子でした。

式典が進み「蚕の舞」が演じ始まると、会場全体が和やかな雰囲気に包まれ始めました。養蚕の掃き立てから桑取り、上蔟(じょうぞく)、収繭(しゅうけん)と舞はクライマックスになり、そして収穫の喜びから縁起物が振る舞われ始めると多くの人が立ち上がり、縁起物を手にされました。

終演と同時に大きな拍手が沸き起こり、その後会場も笑顔で懇談がより進みました。調査員の方々も十分に楽しんでいただいたようでした。さらに「蚕の舞」によって文化交流も深まり、世界文化遺産登録に向かって理解も深めていただけたようでした。

改めて「蚕の舞」が国際舞台で舞うことができたことを光栄に思います。

平成26年（2014年）6月、カタールの首都ドーハで世界遺産委員会が開催され、「富岡製糸場と絹遺産群」がユネスコ世界文化遺産として登録されました。

世界遺産委員会では、絹生産そのものを主題とする本物件の独自性が主張できると判断されたようです。また、各種調査の結果を踏まえ、世界遺産以外でも富岡製糸場に匹敵する近代的な製糸工場は見当たらないとし、「ほぼ、パーフェクトな勧告内容」であったとのことです。

(5) 飯玉神社太々神楽の今と昔

毎年3月28日の縁日には境内に入りきらない露店が参道にまではみ出し、その賑わいに更なる彩りを加えた感がありました。

とりわけ喝采を浴びた舞は、愛嬌舞の代表作の一つ“打出しの舞”です。そのあらすじは、主人公の火吹男（ひょっとこ）が大国主命から小槌を授かり、突然飛び込んできた野猿をなだめすかし、やっとの思いで調教し、その小槌の打ち下ろし場所を探し見事その宝物（駄菓子）を掘り当てます。それを見物客に分け与えるところがやま場です。老いも若きも入り乱れ駄菓子に群がり無我夢中で奪い合う様は滑稽でもあり、また人の本能を見たかのようでした。

一段落したところに鬼が金棒を振りかざし乱入します。火吹男と野猿はやむなく一時退散するものの大国主命と宇受売（うずめ）命と力を合わせて“鬼はぁ

昭和30年代中頃の飯玉神社

外”の掛け声と共に福豆を投げつけ追い払う、目出度し目出度しで幕が下りるバラエティー満載の演目です。

見物客が面白おかしく演じた役どころをどこの家の誰がやっているのかを当てるのも楽しみの一つでもあったようです。演目は、二神反閇（にじんへんぱい）の舞、四神の舞、宇受売（うずめ）の舞、岩戸の舞、大蛇退治の舞、児屋根（こやね）の舞、弓矢の舞、迦具土（かぐつち）の舞、種蒔きの舞、釣り出しの舞、大工の舞、像儀の舞、山の神の舞など全部で23座の演目のうち、当時奉納していた演目は15座から20座程度と思われます。

次に必ず最後に奉納する定番の舞、山の神の舞を紹介します。

山を守り、山を掌る大山祇（おおやまづみ）の神は、春になると山を下りて田の神として稲田の生育を見守り、恵みの秋を見届け、その証として見物客に餅を分け与え、再び山の神に戻るというくだり、農耕の守護神の舞で太々神楽の奉納を締め括ります。しかしながら、当時の賑わいも昭和20年代中頃から30年代初めを頂点に徐々に陰りを見せ始め、産業構造などの変化や、とりわけテレビの急速な普及によりその様相は一変します。

テレビの魅力は豊富な番組の種類と、身近で手軽に楽しめるなど、見る人の視聴感覚を大きく変化させ、映画及び一般芸能や郷土芸能などへの関心を独り占めすることとなり、特にその対抗策を持たない郷土芸能はその影響をまともに受けることとなり、今でもその低落傾向に歯止めが掛かっていない状況にあります。

昭和60年から運営側の負担軽減と見物客の集まりやすさを考慮して4月第1日曜に祭礼日を変更し、失地回復を期しましたが、その効果も実を結ぶこともなく集客力向上には至っていません。

そのような状況の下、飯玉神社御神楽保存会の活動は、祭事の大々神楽奉納を軸としながらも敬老会のアトラクションや介護施設へのボランティア公演などにその活路を見いだすべく活動範囲を広げています。

明治中頃から現在に至るまで連綿と綴られてきた太々神楽の歴史の火を消すことなく、郷土の貴重な文化的資産として是が非でも後世に伝える責任があります。

今、立ちはだかる後継者の育成確保の課題は、伝統芸能を継承する各団体の共通の悩みとなっています。

その解決の前提としては、娯楽も兼ねた神事から伝統芸能へと進化を遂げている太々神楽への理解と関心と興味を、いかにしたら次代を担う若年層に持たせられるかが一番肝心なところであろうと考えます。

地域の学校教育で郷土愛を育むことを狙いとして取り組み、保存活動と学校教育との連携が取れれば、その人材確保も大きく前進するのではと思案しています。

手力男（たじからお）

伽具土命（かぐつち）

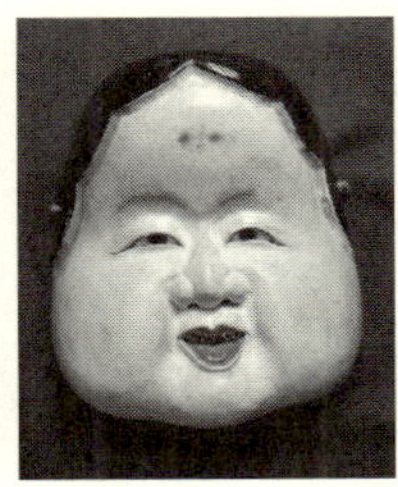
天宇受売命
（あめのうずめ）

翁（おきな）

鬼（おに）

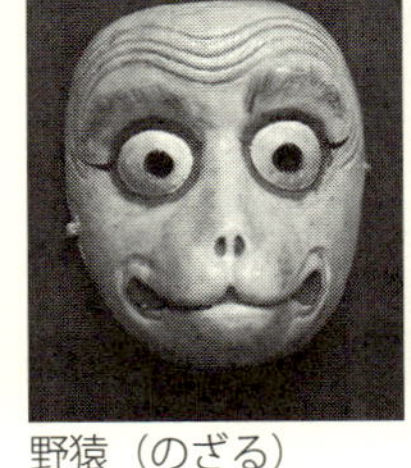
野猿（のざる）

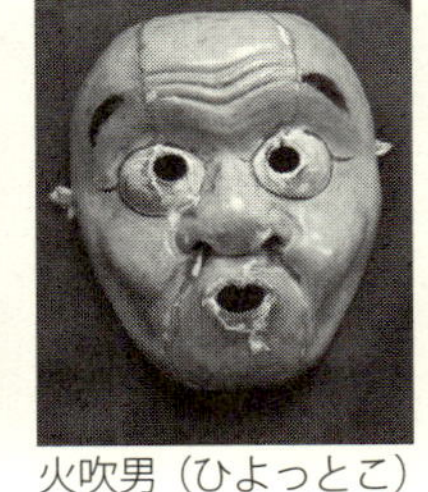
火吹男（ひよっとこ）

大山 祇命
（おおやまづみ）

飯玉神社太々神楽で使われている面

（6）飯玉神社太々神楽「打ち出しの舞」

①ひょっとこが大国主命から小槌を授かる。

②突然飛び出してきた野猿をなだめ、調教する。

③小槌をうち下ろし場所を探し見事に宝物（駄菓子）を掘り当て、みんなに振る舞う。すると突然鬼が現れ、やむなく一時退散する。

④大国主命と天宇受売命と力を合わせ福豆を投げつけて鬼を追い払い、目出度し、目出度しで舞は終わる。

（7）飯玉神社太々神楽の由来

飯玉神社の太々神楽は、明治の中頃に信仰心の厚い氏子有志によって始められました。その太々神楽の流派は出雲流神楽の流れをくみ、前橋市下大屋町に鎮座している産泰神社の神職鯉登（こいと）家のお家芸として代々受け継がれてきたものです。この舞を伝授され、習得し進められたのが最初です。

かつては、太々神楽に携わる神楽士の資格は厳格なもので“各氏子の家の嫡子でなければならない”とされていました。しかし、その後は広く会員を募り、「岩戸会」なる組織を立ち上げ、安定的に運営されるようになりました。当時は数少ない地域の娯楽芸能として広く親しまれ、3月28日の縁日には多くの見物客で賑わいました。

山の神の舞
田の神となり恵みの秋を見届けて、その実り（餅）を皆に振る舞う。

これまでの間、戦争による一時中断、また昭和41年に襲ってきた大型台風によって神楽殿倒壊という不運に見舞われたための中断もありました。

幾多の困難を克服し、昭和55年に「飯玉神社御神楽保存会」として装いも新たに3度目の復活を遂げ、先人から受け継がれた歴史を連綿と刻み、娯楽を兼ねた神事から伝統芸能へと進化させ、現在もその保存活動に精力的に取り組んでいます。

2　獅子舞・神楽まわし

(1) 上川淵地区の獅子舞・神楽まわし

上川淵地区で獅子舞、神楽まわしが継承されているのは、上佐鳥（かみさとり）町西原、宮地（みやぢ）町、後閑（ごかん）町、下佐鳥町、朝倉町下朝倉、西善（にしぜん）町上両家、西善町西善、東善（ひがしぜん）町の８地区です。当地区の特徴として特に注目されるのは、３頭１人立ち獅子舞が西善町西善のみで行われ、他７地区は、すべてこれと系統を異にする１頭２人立ち獅子によるものです。県内の獅子舞は、『ぐんま獅子舞調査報告書』（2015 年刊）によれば、現在活動している 160 件ほどのうちのほとんどの例が３頭１人立ち獅子舞です。

上川淵地区の獅子舞・神楽まわし一覧

名称	日時	行列	場所	願い事	由来
西原地区お獅子まわし	1月第2日曜日、昔は7月にも行った	御幣の子どもたち、太鼓、お獅子、天狗面の順	八幡宮を参拝、各戸を回る	無病息災 家内安全	疫病の流行
宮地町お獅子まわし	元は8月18日、現在は7月第3日曜日	獅子を先頭に、太鼓、御幣の町民が続く	各戸を巡回。最後に川に御幣を流す	悪魔祓い	疫病の流行
後閑町神楽まわし	4月第一日曜日の前夜半から早朝	先頭に獅子、御幣の子どもたち、笛と太鼓が最後	飯玉神社で神事の後、各戸を回る	悪魔祓い 息災安穏	不明
下佐鳥町神楽まわし	年2回、1月と7月の締めの日曜日	榊に付けた御幣を先頭に獅子が続く	八幡宮から各戸を回る	悪魔祓い	疫病の流行
下朝倉地区神楽まわし	年2回、1月17日と8月17日に近い日曜日	先頭にお獅子、太鼓、御幣の大人たちが続く	石神神社と稲荷神社を参拝し各戸を回る	悪魔祓い	疫病の流行
上両家地区ちょっぱし神楽	昔は1月28日、今は1月第4日曜日	先導者は御幣、次に獅子、太鼓と笛が続く	公民館から各戸を回る	無病息災 五穀豊穣 大願成就 商売繁盛	疫病の流行
西善地区獅子舞	7月土用の3日目	お祓いが先導、カンカチ、3頭獅子、笛吹きの順	各戸の庭先、家の中で舞う	家内安全 無病息災 五穀豊穣	疫病の流行
東善町神楽獅子	正月15日に近い日曜日、7月の土用丑の日に近い日曜日	御幣とお面の子どもたちが先導、御輿の獅子が続く	正月は日枝神社で舞う。町内各戸を回る	家内安全 五穀豊穣 病魔退散 学力向上	疫病の流行

また、各地区に共通し、特筆できるのは、疫病の流行とその除災の願いがこの行事を始めるきっかけとなったことです。今も大方の地区で〝悪魔っぱらい〟を唱えながら各戸を回ります。この行事が始められた時期については、いくつかの地区で江戸後期〜昭和の初めであるとする言い伝えがありますが、どれも確かな記録類などは残っていません。

［コラム３］伝染病と悪魔祓い

明治期以降の近代社会においても医療・衛生制度の整備は遅れました。群馬県でも伝染病として天然痘・コレラ・腸チフス・発疹チフス・ジフテリア・赤痢などが流行しました。県の統計によると、天然痘は明治元・4・8・9年に、赤痢は同6年に、コレラは同7年に大流行しました。『群馬県史通史編7』によると、患者数100人以上を記録しているのは、コレラが明治12・15・19年、発疹チフスが同12・13年、ジフテリアが同20年、天然痘が同18、19年、赤痢及び腸チフスは連年多数の罹患者・死者を出しました。大正7年から9年まではスペイン風邪が全国的に流行し大問題になりました。流行性感冒（風邪）の死者も毎年出ていました。

結核は国民病といわれ、赤痢・腸チフスなどとともに上下水道をはじめとする生活環境整備の遅れが原因で、先進国を自任する日本としては恥ずべき国民病でした。

『上川淵村誌』にも昭和2年から28年までの伝染病（ジフテリア・赤痢・疫痢・腸チフス・パラチフス・猩紅熱・嗜眠性脳炎）の発生状況がまとめられています。明治14、15年ごろ朝倉に宿泊した夫婦がコレラを発症し、宿主や近家で伝染し死者が出て「村ヲ通行スル者ハ何者ニモ石炭酸ヲ吹カケ」たので、通行人もいなくなり、人々は「コロリ」と唱えて恐怖した資料が掲載されています。昭和25年には赤痢・疫痢が猛威を振るい、医師の往診を待てず背負って診療所に連れて行ったが、ベッドが不足し廊下にまで収容したことや、田植え時期であったため直ちに診療所へ連れて行けずに手遅れで亡くなった子どものことが記されています。上川淵村では結核患者は在宅療養が普通でした。

医療知識や啓発の不足、衛生制度の不備な時代には、疫病の流行（流行病）は疫神のなせる業と考えるのが一般的で、神仏への祈願、加持祈祷、迷信的な「まじない」、家伝薬の使用などを行うほかすべがなく、医師に診てもらえたのも一部の人でした。

大字名＼結果	検井数	検査結果			
		良	不良	要ろ過	最不良
上佐鳥	八五	六二	一三	三	七
橳島	三二	一六	七	六	三
朝倉	一一一	六〇	二三	一四	一四
後閑	一〇三	三九	二二	二八	一四
下佐鳥	五五	二五	一九	八	三
宮地	三二	六	一五	四	七
合計	四一八	二〇八	九九	六三	四八

表　水質検査

飲用水は井戸水でした。『上川淵村誌』によると村内の井戸水が良質とはいえず、衛生上の観点から大正元年（1912）に全村の井戸水の水質検査を実施し、その結果（表）が掲載されています。全井戸数418、良質な井戸は208、不良な井戸 210（50.2%）と不良な井戸が半数を超えました。村営で水道事業を行うことはありませんでした。こうしたことがチフスなどの発生の温床になったと思われます。

また、上川淵村は開業医のいない無医村でした。昭和 21 年（1946）5 月になって復員した陸軍軍医朝川猷夫を医師に阿佐美五月を看護婦に迎え、村役場二階会議室を仮診療室として直営診療を開始しました。

これまで述べてきたような事情が、「悪魔祓い」をはじめとする集落の伝統行事と祭りを長く残してきた要因といえます。「悪魔祓い」を前橋市南部の隣村で比較すると、旧上川淵村では 5、旧上陽村では 5、旧下川淵村では 1 の集落で行われています。旧上川淵村・旧上陽村（上川淵地区）で盛んに行われていることが分かります。

（2）上佐鳥町西原のお獅子まわし

上佐鳥町西原地区の中央からやや南の位置に八幡宮が祀られ、地域の守り神として住民から大切にされ、毎年、元日には全住民が参詣して新年の幕開けを祝い、また毎年９月の最終日曜日には全住民が集まり、榊（さかき）を奉納し平穏無事を祈願します。八幡宮はまた、お獅子まわしの由来にも深く関わっています。

集会場の祭壇に鎮座する獅子頭と天狗面と御幣（ごへい）、お神酒

八幡宮の由緒は不詳ですが、政府は明治４年に神社の社格制度を定め、明治５年には実地調査の通達が出て編纂された " 上野国神社明細帳 " に基づき、明治８年～９年の状況を記した " 上野国郡村誌 " には上佐鳥村の社寺に八幡宮の存在が確認されます。

さらに、明治 39 年 8 月 10 日付で一町村一社を原則とする神社合併 (合祀) の勅令が出され、西原の無格社八幡宮は明治 41 年 2 月 12 日付で許可され、春日神社本殿の東側奥に合併 (合祀) されました。

御幣を掲げた子どもたちを先頭に、太鼓、お獅子、天狗面が続く賑やかな行列

それ以来、西原地区に疫病や災難などが蔓延し、住民を苦しめたので、八幡宮を元の境内に戻し邪気を鎮めるためお獅子を奉納し、さらに、地区内全戸にお獅子を回して厄祓いをしたのがその始まりといわれています。

春日神社の境内には、今なお、一部朽ち果て、色あせたものの永年の風雪に耐えた朱塗りの大きな木の鳥居が残っており、往時の姿の一端を伝えています。

お獅子まわしの行事は例年正月明けの第２日曜日と７月の最後の日曜日

に行われてきましたが、7月は猛暑期で、子どもたちや関係者の体調や健康面、落雷や交通事故の危険性などが懸念され、住民の総意で平成24年をもって取りやめ、以降年1回となりました。

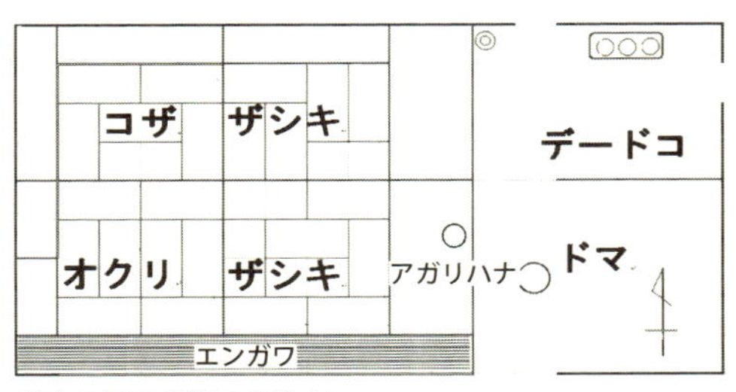

農家の田の地型の間取り

年番は6組に編成され、各々の組（約20人）が1年間の行事を担当します。当日は自治会（責任者は伍長）主催の下、午後1時に全戸が集会所に集まり、年番を中心に全員が協力して準備に掛かり、篠の長さ40cmの御幣を40本余り作り、篠の高棒の先に榊、御幣、天狗の面を飾り付けて準備は完了します。

午後2時、御神酒で乾杯後、お獅子の一行は御幣を持った40人ほどの子どもたちを先頭に、囃子（はやし）太鼓の役、お獅子の役、天狗面の役が続き、さらに、年番、交通指導員が加わり賑やかな行列となって回り始めます。

一行はまず八幡宮に詣でて地区の安寧を祈願した後、お獅子が〝のぼり上る〟という縁起から下手の家より子どもたちが御幣を振りかざして大声で、「悪魔っぱらい‼―悪魔っぱらい‼」と叫びながら家々を回ります。続いて小太鼓の音に伴いお獅子が玄関で待ち受ける家族一人ひとりの頭を無病息災、家内安全を念じて大口でかじります。最後に天狗面の役が、用意されたおひねりを預かり次の家へと移動して行きます。

無病息災、家内安全を念じて、獅子が大口で頭をかじる。

昔、養蚕農家の間取りが田の字型の頃はお獅子が座敷に上がって厄祓いし、病人がいれば噛んで健康快復を祈願しました。

お獅子まわし一行が全戸を回るのに2時間半

ほどかかり、上手で終わると子どもたちは集会所に戻り、ご褒美に駄賃とお菓子をいただき笑顔で家路に着きます。なお、お獅子役など三役は数人の年番を伴って春日神社に詣でて、地区の繁栄と住民の平穏無事を祈願して、お獅子まわしの行事は全て終了します。

4時半から全戸が集会所へ集まって直会（なおらい）が開かれ、親睦と絆を深めながら、貴重な伝統行事を守っていく決意を新たにします。

(3) 宮地町のお獅子まわし

西宮地地区には、旧来からの行事として、毎年7月に全戸を挙げてのお獅子まわしがあります。

当日は、まず輪番での地区代表が会場に集まり、準備を進めます。お獅子などの飾り付け、御幣づくり、宴席づくりなどがあります。これらの準備が終わる頃、町中に向かって大太鼓が打ち鳴らされ、これに誘われるように町内から大人や子どもたちが集まってきます。そして、行事宣言が発せられると、お神酒や手づくり料理が振る舞われます。

ひとしきりの団らんの後、代表者の声掛けで、大太鼓、お獅子、そして子どもたちが御幣をか

（上から）出発前にお神酒を交わす獅子役の若衆

全戸を回り、行列は大きな御幣が先導し獅子、太鼓が続く。獅子は1頭2人立ち。

家人の頭をくわえて厄祓いをする獅子

最後に町内を流れる川に向かって一斉に御幣を投じて厄を祓う。

ざしながら、町内すべての家々を回ります。主役はもちろん、お獅子ですが、子どもたちも大きな役割を果たします。家々には、まず先陣を切って子どもたちが走り込みます。その様子は、まるで辺りの静寂と空気を振り払うようです。近年ではかたちは変化しましたが、以前はどの家々でも養蚕室ともなる表座敷の畳をあげておき、走り込む子どもたちを家の中にまで迎え入れました。子どもたちは土足のままですが、中には下駄履きの子どももいて、それは賑やかに喚声を上げながら、その座敷で飛び跳ねました。

その疾風怒涛のように動き回る子どもたちが家の中の人畜（特に養蚕との関連）の感染症などの厄を祓う願い・祈りにもなっていたと考えられます。今日では座敷に上がり込んでまでの振る舞いはありませんが、ほとんどの家々では家族がそろって玄関でお獅子を迎えます。" 被り子 " が「悪魔っぱらい !!」と叫びながら、一人ずつ頭をガブリとかじり、小さな子どもは泣きだします。これを見て家人は、子どもの成長を喜び合います。

町中を回り終え、陽も傾く頃、老いも若きも集団となって町中を流れる大川に架かる橋に向かいます。そして、家々で厄を祓った御幣を一斉に川中に投じ、行事は終了となります。近年、多くの場面で人と人とのコミュニケーション不足が叫ばれていますが、宮地町では、この行事を通じて地域の厄祓いと併せ、各年齢層を超えての交流が大いに図られるとともに、地域やそこに住む人々を大切に思う心が育まれています。

(4) 後閑町の神楽まわし

後閑町の神楽まわしは子どもが担っているところに特徴があります。参加者は、本来は小学生から中学生くらいまでの男子ですが、近頃は女子の参加も増えつつあるようです。

まず先陣をきるのは獅子頭をかぶる者とそれを後方左右から補佐する２人、この役は主に中学生が担当し、これに子どもたちが後に続きます。最後尾は獅子頭の交代要員数人と笛と太鼓のお囃子が乗った軽トラック、そして後続を固める各地区の祭の世話人である年番で、総勢は 40 人前後の集団となります。

獅子は１頭で、獅子頭に１人、胴幕に２人入る、３人立ち

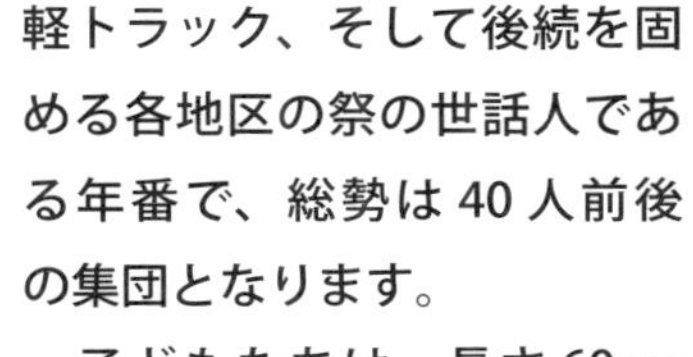
夜も明け、雨に遭いながらも、休むこともなく町内の全戸約 300 軒を回る。

子どもたちは、長さ 60cm の篠でできている“おんべ”（御幣）を手にかざしながら大声で「悪魔っぱらい―」、「悪魔っぱらい―」と連呼しながら走ります。深夜午前３時頃に公民館をスタートし、各家の玄関先まで走り込み、出迎えたその家人の頭部を獅子頭でパクパクと噛む仕草で悪霊退治は完了します。

真夜中に、“悪魔っぱらい”と大声で連呼しながら走り、氏子の家々を回る。

一方、最後尾に付けている年番は悪霊退治が終わった家を訪問し、その謝礼としていくばくかの奉加（神仏に寄進する金品）を頂戴します。その奉加は現金もしくはお米のいずれか、または両方で、家々のしきたりによって違います。

この一連の行為を 300 戸前後の氏子宅で行い、全てが完了するのは朝陽もまぶしい９時頃です。その間走りどおし、怒鳴りどおしの子どもたちはヘトヘトになります。でも子どもたちから落伍者はでません。祭りの後に待っているお駄賃もその励みとなっているようです。

午前 10 時半頃、獅子を先頭に飯玉神社に“お練り”が戻ってくる。この後“太々神楽”の奉納となる。

（5）下佐鳥町の神楽まわし

祝詞（のりと）奏上とお祓い

下佐鳥町の神楽まわしは、地元の神社「八幡宮」の年中行事として、毎年１月と７月の締めの日曜日に行われています。

神楽まわしの始まりについては、書き記されたものがなく、定かではありません。

町内には、６つの組があります。毎年各組から神社当番組頭が１人選ばれ、その６人の組頭によって神楽まわしが執り行われます。

組頭は、当日の朝7時に八幡宮に集合します。まず社殿を清掃し、清めます。そして、神楽獅子を本殿に安置します。

次に御幣づくりです。町内の長老が担当し、若い組頭を指導してつくり上げます。若い衆が長老の手ほどきを受けながら試みますが、なかなかうまくいきません。みんな真剣です。こんなところに伝統の引き継ぎを感じ取ることができます。

町内全戸を回るお獅子の行列

社殿のお飾りが整うと、本殿に６人の組頭が勢揃いします。

長老が、町内の安全と町民の健康祈願のための祝詞（のりと）を奏上し、お祓いの後、組頭が玉串を奉納し、手締めとなります。

一方で、お祭りの準備作業は続いています。お清めのご神酒が湯飲み茶碗に 50 個ほど用意されています。軽トラには大太鼓が取り付けられています。すでに境内は、各組の神楽まわし担当者で賑わっています。清めのご神酒がふるまわれます。

代表組頭のあいさつと、乾杯の音頭で出発式が済み、いよいよ神楽獅子の出座です。軽トラの大太鼓が鳴り響きます。勇ましい太鼓の音です。

神楽まわしの順路は南から北へ登り上がります。辻組→東組→南組→西組→中組→北組と進みます。神楽獅子の隊列は、御幣持ち、神楽獅子、地元衆と続きます。地元衆の役目は、大声で、「悪魔っぱらい‼」と叫ぶことです。

頭をくわえる仕草で厄払い

各家の玄関先では、御幣持ちがお祓いをし、地元衆が「悪魔っぱらい‼」を繰り返すと、獅子が家人の頭をくわえて厄祓いをします。赤ちゃんや子どもたちが泣き出してしまう家もありました。

(6) 朝倉町下朝倉の神楽まわし

下朝倉には、今でも農繁期の合間に受け継がれて行われている「神楽まわし」があります。年2回開催されています。旧来は1月17日と7月17日に獅子頭をかぶり、家々を回っていたと伝えられています。

雪景色に神楽まわし行列

今では社会環境の変化もあり、冬は1月17日、夏は8月17日に近い日曜日に行われています。

初期の頃は雄雌一対の獅子があったそうです。獅子頭と胴幕の中に2人が入り、「2人立ち獅子」の形で行われていました。このような形は県内では珍しいようです。獅子頭はいつの時代か火災に遭い、今では1体が残されていて、「昭和十八年七月十七日新調」と記された木箱を伴っています。

発祥の時期はおよそ明治30年代以前からのようであり、この当時、集落で伝染病（チフス）が大流行して多くの人が亡くなるという悲惨な災難に遭い、恐怖の中に落ち沈んだと言い伝えられています。これを機に人々が立ち上げたのが悪魔を追い祓う儀式とされる「神楽まわし」で、これが始まりと伝えられています。

獅子のパクパクで厄祓い

疫病神である悪魔を追い祓う習わしとして「神楽まわし」を装って、「悪魔っぱらい!!」の大きな掛け声とともに行列をなし、太鼓や御幣を持ち集落の家々を練り歩き厄を祓う儀式となり、今に引き継がれています。

「神楽まわし」の訪問時は、昔は縁側から部屋に入り、「悪魔っぱらい!!」と叫び、悪魔を追い払いました。その後に家族の頭に獅子の口を開け、パクパクさせ祈願したとも伝えられています。そして儀式が終了すると麻袋の中にお米やお賽銭を入れ、供物としてお酒が供えられたことも言い伝えられています。

「神楽まわし」の当日は年番役の人たちが集会所に集合し、午前 8 時 30 分ごろ年番長の合図により御神酒で体を清め、それから近くにある石神神社（しゃくじさま）と稲荷神社の参拝に向かい、その足で下(しも)から上(かみ)に登り上げます。南から北へ獅子頭を先頭に行列を成して全戸を回り訪問します。その年に喪中の家は避けています。

昔は大人も子どもも行列に参加していましたが、だんだん参加する人も減り、今では年番役の人だけで執り行っているのが実情です。

(7) 西善町上両家のちょっぱし神楽

平成 27 年 1 月 25 日（日）、西善町上両家で新年の年中行事として行われる「ちょっぱし神楽」を取材しました。

当年の祭年番に案内いただき地区内の家々を回る神楽の行列にしばし同行しました。神楽の一行は先頭に御幣（切り紙を白木に挟んでたらした神具）、これに獅子が続き、太鼓と笛のお囃子がこの後に従います。一行は午前７時に上両家の公民館を出発し、100軒前後の家を午後３時過ぎまで回ります。

〝ちょっぱし〟の獅子頭

上両家の獅子は、そのユーモラスな風貌が、まず何よりも目を引きます。２枚重ねた〝ちょっぱし〟と呼ぶ桟俵（＝米俵の両端のわらぶた）の頭に、金、銀、赤の光沢紙で包んで形作った目、鼻、耳、金歯。その素朴ながら鮮烈な色彩と大仰な風貌には強い印象を受けました。

家人は獅子に頭をくわえられると、病気にかからないという。

「ちょっぱし神楽」が回る家々では縁側や玄関に茶菓やお神酒を用意し一行を迎えます。獅子は玄関や、または座敷に上がって舞い、そして獅子の口に家人の頭をくわえる仕草をし、厄祓いを行います。

「ちょっぱし神楽」に同行しての取材の後、関根繁治さんを訪ね、神楽が始められた頃のお話を伺いました。

祭の年番10人ほどのちょっぱし神楽一行は午前７時に上両家の公民館を出発し、地区の家々100軒前後を回る。一行は御幣を先頭に、獅子が続き、後に太鼓と笛のお囃子が従う。

神楽の由来については、昭和３年に集落内に疫病が流行したため、お祓いの行事として始めたそうです。自分たちで〝ちょっぱし〟を材料にしての手作りになったとのことです。神楽が家々を回り、家々では神楽一行を歓待してお祓いを受ける。心温まる伝統行事を大切に引き継いでいる地域の人々の心に触れることができました。

(8) 西善町西善の獅子舞

西善町西善の獅子舞は毎年「土用の三つ目」、7月の土用入り3日目に行われています。この日には当年の祭当番（約40戸）が早朝から公民館に集まり、万灯（まんどう）や獅子頭に飾り付けをします。万灯の先端の四角柱には「天下泰平」「五穀成就」「悪魔退散」「町内安全」と書き込みます。

舞人が被る獅子頭

飾り付けが終わると、それぞれの衣装を身に着けて獅子舞に出発します。地区内の一番下（しも）の家から順に上（かみ）の家にのぼり上げます。万灯を据え、お祓いが玄関先から清め、続いてカンカチの先導で3頭の獅子（雄獅子2頭、雌獅子1頭）が笛に合わせて舞を行います。

《用語解説》「カンカチは、鉄の棒を2本持った役で、この2本を打ち合わせて鳴らしながら獅子舞に参加する。鉄の棒を打ち合わせる際に鳴る音から「カンカチ」といわれるものと考えられる」

昔は汚れた足で座敷に上がって舞いました。最近では生活環境が変わり、庭先で済ませる家が多くなっています。獅子に噛んでもらうと病気にならないということで、小さな子どもは泣きながら、かんでもらう光景も見られます。以前は毎年1月15日に日枝神社に舞を奉納し、また7月の土用の三つ目にも行ったといわれています。

お祓いに続いてカンカチの先導で3頭の獅子が町内の各戸を回り、庭先で笛に合わせて舞う。

西善地区の獅子舞の由来は明らかではありませんが、およそ250年から300年前といわれています。150年ほど前に獅子の焼失により数年の中断がありましたが、この地区に大変な疫病が舞い込み、まん延し、多くの村人が亡くなってしまったことから再度復活したといわれています。

今は亡き山田三幸さんは『西善町のお獅子』（瀬戸正弘『上陽郷土記』1992年所収）に、「この獅子舞の始まりは室町時代の寛正2年（1461）、今から530余年前、東善の神楽獅子とともに山王の日枝神社から授けられたお獅子であると記録に残されている。‥‥日枝神社本祭りは過去において2回、私たちは覚えている。この獅子が祭りの先頭を切り、道きり、ささら、田植えの舞、花きり等、7通りの舞があった。現在はささらの舞だけで村内一戸ずつ回って舞が続いている」と記しています。

［コラム4］ 2人立ち獅子舞と1人立ち獅子舞

獅子は想像上の動物で、悪魔や邪霊を退散させる強い呪力を持つとされます。日本各地には多様な形態の獅子舞がみられますが、それらは形態の上から2人立ちと1人立ちに大別されています。7世紀に大陸から日本にもたらされた大陸系の獅子舞は2人立ちで、これは頭と胴幕に1人ずつ入って舞います。江戸期に伊勢と尾張に発した太神楽は、今日全国に広く定着していますが、これは2人立ちの大陸系の獅子舞で、神楽獅子、あるいは獅子舞とも呼ばれています。村々で各戸を回り、新築、結婚、出産などを祝い、悪魔祓いを行います。子どもが病気になったり風邪をひかないよう、頭を噛んで、お礼にお初穂をもらうなどの事例は広くみられます。

他方、3頭獅子舞は1人が1頭の獅子に扮し、3頭で舞うものです。人の目を驚かす意匠、趣向から、風流系と呼ばれています。中世には、正月の祭礼などで盛んになり、室町後期に登場する風流踊りは、社寺や辻・館など踊り巡るもので、雨乞い、祭礼などにも盛んに演じられ、東日本、関東地方を主に流行しました。

獅子舞祭祀は五穀豊穣、家内安全、無病息災などの祈願を目的としますが、特には雨乞いや悪疫防止の面が強調される場合も少なくありません。

---

(9) 東善町の神楽獅子

東善町の神楽獅子は現在、毎年２回、正月15日に近い日曜日と７月の土用丑の日に近い日曜日に行っています。しかし、昔は正月15日、７月の土用丑の日に実施していました。

獅子を乗せるお宮造りの輿

正月の当日には、神楽獅子一行はまず日枝神社へ詣で、四方の悪霊を祓う「四方固めの舞」を奉納します。そして、この後に禅養寺をお参りしてから東善町に戻って、全戸を巡回します。７月には日枝神社、禅養寺とも行きません。東善町内の各戸への巡回は午前10時半頃に東善町公民館を出発します。獅子を先導するのは、御幣持ちと、鬼やおかめ、ひょっとこの面を思い思いにつけた子どもたちです。獅子はこの後に続いて、お宮造りの輿に乗り、法螺貝を吹き鳴らし、輿に備えた大太鼓、小太鼓を叩きながらねり歩き、村内を家から家へ移動します。

お面をつけた子どもたち

太鼓は、てんてんてん（小太鼓の繰り返し）―てんてれんこ・てんてれんこ（小太鼓の繰り返し）―てんてんてん・てんどんどん（小・大太鼓）―（続く）― と、昔から受け継がれている調子が鳴り響きます。

昔は笛も加わったお囃子だったようですが、いまは笛はありません。

巡回は、村の下（しも）から上（かみ）へ全戸をのぼり上げます。この回り方は縁起が良いからというこ

昔の御包みの中身はお米で「おさご」といった。

とで、昔からずっと守っています。御幣に続き、鬼やひょっとこ、おかめのお面の子どもたちが“悪魔っぱらい”と声を張り上げ、各家々へ先導します。正月は「おめでとう」といいます。出迎えた家人に、獅子がパクパクとかじる仕草をし家内安全、五穀豊穣、病魔退散、学業上達祈願の言葉を唱えて厄祓いを行います。今はこれを玄関で行い、家に上がりませんが、昔は玄関から上がり家中をひと回りして縁側から外に出ました。

昔は、獅子が家々の悪魔を祓い終えると、その悪魔を川に流すとして、獅子をかぶったまま川に飛び込んだと聞いています。

東善町の神楽獅子の由来は、『上陽郷土記』（瀬戸正弘 1992 年）所収の「東善町の神楽獅子」によれば、「東善町の神楽獅子は今より 530 年前の寛正 2 年（1461）、山王禅養寺の末寺として村人の菩提寺成就院が創寺され、そこに守護の神として神楽獅子を安置したのが始まりである。その後、文政年間（1818 ～ 1831）幕藩体制下、川越藩（前橋藩）は・・（中略）・・年貢の増徴重課を強いたため・・農民の生活は極度に疲弊し・・・農民は幕府への直訴を企て・・・わが村の名主がその暴挙を憂い差し止めに向かい・・・事件を未然に防ぐことが出来た。しかるに藩の役人はこれを許さず、わが村の名主をはじめ参加各村の代表者を捕縛し処罰した。その年に村々に疫病が蔓延し、度かさなる災難続きに人々の心は迷い、これがいつしか神仏への祈りとなり、神仏への信仰は高まった。わが村も寺に安置されている神楽獅子により、四方固めの舞が奉納され・・・・」と伝えられています。

［コラム 5］旧上陽村の悪魔祓い

旧上陽村では、玉村町と合併した飯塚・藤川両地区でも「悪魔祓い」が行われています。

飯塚地区は飯玉神社境内に祀られている八坂神社の祭りで行われ、祭日は 7 月 24 日、小学校の男の子たちが中心になります。準備として獅子頭をつくります。俵端 (たわらっぱし・チョッコロパシ) を二つ重ねて、麻で連絡し、パクパク開くようにします。頭には紙で丸めたもので両眼と鼻をつけ、耳はビワの葉を使います。

藤川地区は稲荷神社境内に祀られている八坂神社の祭りで行われます。飯塚地区と同じで祭日は 7 月 24 日、小学校の男の子たちによって担われています。準備として釣灯篭の張替えをします。神社用の大きなものと各戸用のもの 80 以上の張り替えが行われます。獅子頭（オッシサマ）も飯塚地区のように 2 枚の俵のふた（チョッパシ）でつくります。

飯塚・藤川両地区とも、獅子頭は西善町上両家の「ちょぱし神楽」と同じ系統です。

3　天王祭り

（1）上川淵地区の天王祭り

天王祭りは疫病退散の神威を有する牛頭天王を祀る夏の祭りです。牛頭天王は天竺（インド）の祇園精舎の守護神とされ、牛頭天王を祀る社は祇園社といわれました。牛頭天

上川淵地区の天王宮一覧

後閑町	天明　8（1788）年	［天王宮銘無し］
上佐鳥町	寛政 12（1800）年	［天王宮銘有り］
宮地町西	享和　3（1803）年	［天王宮銘無し］
下佐鳥町	文化　4（1807）年	［天王宮銘無し］
宮地町東	文化　8（1811）年	［天王宮銘有り］
西善町西善	文化 10（1813）年	［天王宮銘有り］
西善町上両家	文化 15（1818）年	［天王宮銘有り］

王を勧請した八坂（京都）の祇園社は疫病退散の神として、江戸時代全国各地に分祀されたといわれます。

県内でも各地に天王様の石宮が多くみられますが、上川淵地区にも江戸時代につくられた石宮があります。

祇園社は明治の神仏分離令により八坂神社と改名しました。

県内では世良田鎮座の八坂神社が著名ですが、県下の天王様は独立社の八坂神社は190社、境内末社は583社あると報告されています。

上川淵の天王祭りはそれぞれ夏越の祓いとして7月24日～25日頃に行われます。牛頭天王信仰を伝承しながら、自治会主催の夏の行事として継承されています。

［コラム6］　津島牛頭天王社御師（おし）の上川淵地域廻村

津島神社（愛知県津島市）は、中世には社家（神職を世襲してきた家）が御師として活躍しました。御師とは祈祷師の意。特定の信者との間に師壇関係を結び神前に無事息災を祈祷するとともに、守札、神札などを配布して米、銭の寄進を得て、神社の維持などに役立てるなど信仰の普及を図る役割を担いました。津島の御師も諸国に檀那（信徒）を持ち、疫病、厄難除けの御神徳を普及して各地に活躍しました。

諸国の檀那は個人でなく村単位で、世話役は各村の名主があたり、御師は丁重な扱いを受けました（『津島市郷土研究』津島市教育委員会より）。これら御師の中で、前橋地域は山本家が受け持ちで、山本長太夫、同金太夫が廻村してきた記録があります。

文化7年(1810)4月の『旦方帳（たんぽうちょう）』（檀家帳・津島神社宮司伊藤晃雄報）によると、碓氷、群馬、那波、勢多、佐位、新田の各郡と、善養寺領が記載されています。

上州善養寺領上佐鳥村・80軒、同領朝倉村・100軒、同領後閑村・110軒、同領宮路（ママ）村・30軒、同領下佐鳥村・40軒。

以上のほか、村名だけが書かれているものもあります。
（善養寺領）六供、櫛島、両家、山王、東善養寺、中内、横堀、西善養寺、矢田。
（前橋市史より抜粋）
上記史料に見る御師の活動は、上川淵地区の石祠（天王宮）の建立時期や建立場所との関連を推察させるものといえましょう。なお、御師職制度は明治４年に廃止されました。

---

(2) 後閑町の天王祭り

後閑町の天王祭りの起源は古く、天明３年（1783）７月の浅間山の大噴火にさかのぼります。この未曾有の大災害に見舞われて、食料難にあえぐ人々は飢えをしのぐため、蕨（わらび）や葛（くず）の根を掘り、松の皮や萱（かや）の茎など食材らしきありとあらゆる物を口にし露命をつなぎました。その後まもなく疫病がまん延することとなり深刻な状況はさらに極まり、人々は除疫神として誉れ高い牛頭天王にその救いを求めることに行きつき、今ある天王祭りにつながっていったと推測されます。

祠（ほこら）の上段にある御宮には「天明八甲申（きのえさる）年四月吉日」「村中」と刻まれており、その記録からこの祭礼は228年前から始まったことはほぼ間違いないようです。

祭礼日は毎年７月24日～25日と定められていましたが、今は同月第４土曜日がその日に当たります。祭りの準備、運営から終息に至るまでのすべてを町内５地区から選任された10人の祭年番によって執り行われます。天王宮は町内の中心部を東西に横断する道路とやや西側に位置する南北に縦

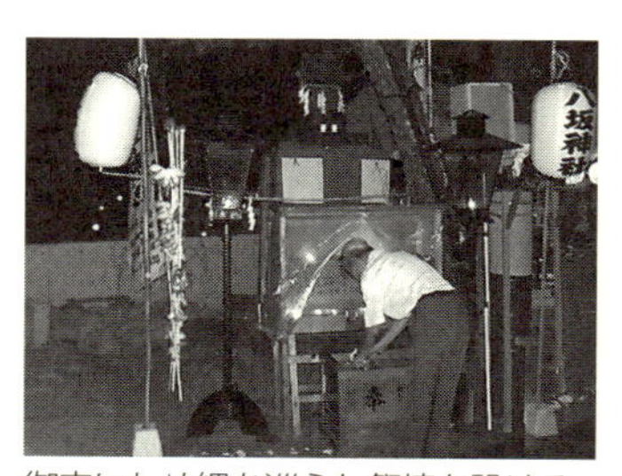
御宮にしめ縄を巡らし祭壇を設ける。

断する道路が交差するＴ字路の傍に祀られています。

祭りの舞台となる場所は、御宮を起点として縦横に走るそれぞれの道路両側に竹竿を柱にしめ縄を張り巡らし、一定間隔に提灯を下げ、宵闇の町なかをぼんやりと照らし出します。御宮の祠全体を紅白の幕で包み、正面に多くのろうそくを灯すことのできる燭台と手前に賽銭箱を仮設することで祭りの飾り付けは完成します。参拝者は賽銭を投げ入れ、ろうそくを灯し二礼二拍手一礼し家族の息災安穏を祈願します。天王祭りは、提灯の明かりを頼りに飾られた道筋を行き交う、氏子にとっては心のよりどころとなる「夏越（なごし）しの祓い」と並ぶ夏を代表する飯玉神社末社の祭礼です。

御宮の「天明八甲申年四月吉日」銘

昭和 30 年代半ば頃から祭年番の呼び掛けにより、八木節保存会 (男性) やいくつかの舞踊愛好会（女性）の町内有志や育成会の子供神輿などを巻き込み、盆踊り大会を併催することとなりました。地味な天王祭りに賑や

天王祭に合わせて公民館前で催される納涼祭の賑わい。

茅の輪くぐり（飯玉神社 7 月第 1 日曜日と前日）茅の輪を 3 度くぐり抜け、心身を清め、諸災厄解除を願う。

かさと彩りが加えられ、町民の真夏の夜の一大イベントとして賑わいを見せました。その後、八木節保存会の衰退や舞踊愛好会メンバーの高齢化などにより、盆踊り大会から自治会支援による子ども向けのだんべえ踊りや成人向けの舞踊、さらにカラオケによるのど自慢大会など町内の納涼祭的色彩に変わりつつあり、今もなお老いも若きもこぞって楽しめる天王祭りとして開催されております。

なお、開催日は2日間にわたりますが、祭りの出し物は初日のみで2日目は午前中に飯玉神社の神官による祭典があり、それ以外は前日お参りできなかった人への対応などで前日の賑いが嘘のようです。暮れなずむ夕刻になり祭年番、氏子総代、自治会役員などの関係者により年番長の気合の入った手締めによって天王祭りの幕は閉じられます。

(3) 西善町西善の天王祭り

西善地区の天王祭りは、昔から子どもを中心とした行事として継承されてきています。祭りの中心となる石造の天王宮の前には、「奉納　八坂神社・五穀豊穣」と書いた灯篭が掲げられます。地区の人たちは、家族連れで参拝し、野菜やお米・お賽銭をあげて、五穀豊穣、無病息災を祈願します。

天王宮の前には「奉納　八坂神社」の灯篭を掲げる。

祭りの由来について、伝承はありませんが、御宮に文化10年（1813）の年号が刻まれているので、この頃が祭りの始まりと考えてよいのでしょう。

祭りは毎年7月の24日、25日の2日間行われます。子どもたちは24日に公民館に集まり、長い間引き継がれている木枠の灯篭（とうろう）に紙を張り、ナス

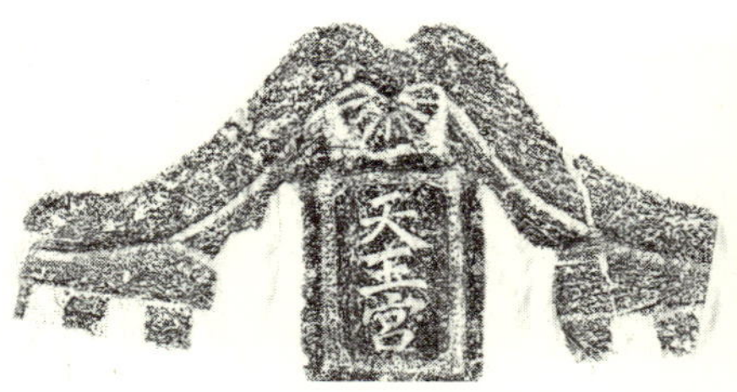

石宮の正面の唐破風の下の額には「天王宮」と刻まれ、宮の背面の壁には「文化十癸酉（みずのととり）年　九月吉祥日」と年号が刻まれている。

やキュウリ、カボチャなど野菜の絵を描き、参拝道路に並べます。そして昼間のうち太鼓をたたきながら触れ歩きます。夕方になると灯篭に火を入れ、公民館では、参拝者を待ちながら、「てんのうさま　わっしょい」と元気に声を張りあげ、交代で太鼓をたたき続け、座敷では子どもたちだけで、はしゃいで楽しい宵を過ごします。

灯篭を参拝道路に並べ、日暮れとともに、明かりを入れる。

「てんのうさま　わっしょい」と太鼓をたたき続け、座敷では子どもたちだけで、楽しい宵を過ごす。

（4）宮地町の天王祭り

宮地町の天王祭りは７月 24 日、自治会（昔は区長場）主催で行われ、天王様（石宮）は東西両地区に建立されています。

赤城神社の境内に祀られている天王宮

東地区は赤城神社境内の東端に石宮の天王宮が祀られています。お宮の正面の唐破風の軒の額に「天王宮」、台石には「東邑中」と刻まれ、背面の壁には「文化八辛未(かのとひつじ)年六月吉日」(1811年)と建立時期が分かる銘文が刻まれています。

西宮地の石宮の北面には「當村講中」、南面には「享和三癸亥（みずのとい・1803年）天　六月吉日」と記されている。

西地区は集会所（旧消防器具置場）の南側に安置される石造物の北端（右側）の石宮が天王宮とされています。天王宮などの銘は認められませんが、石宮の北面には「當村講中」、南側には「享和三癸亥(みずのとい)（1803年）天 六月吉日」と刻まれています。

担当地区の人たちが旧公民館で仕上げた花飾り

祭り日はかつて7月25日でしたが、いつの頃からか7月24日となり、自治会主催で継承されています。祭りは東西地区が交互に担当し、担当地区住民は早朝に集まり東西両石宮に飾る「花」を28本つくり、1つの御宮に7本束にした花を両側に飾り付けます。両宮に飾り、五穀豊穣、疫病除け、家内安全などを祈願し、お参りします。

かつては、各家庭で赤飯を供え、お参りした慣習も次第に薄れ、最近では赤飯を供える家庭も見かけなくなり、自治会主催の行事として今に継承されています。

西宮地のお宮は小集会所（旧消防器具置き場）の南側に並ぶ石造物の北端（右端）の石宮が天王宮とされる。

御宮の正面の唐破風の下の額に「天王宮」、お宮の背面には「文化八辛未年六月吉日」、台石に「信州高遠笠原村石工　赤羽和吉」と刻まれている。

［コラム 7］高遠石工・赤羽和吉

石工・赤羽和吉

東宮地の赤城神社の天王宮（石祠）は、台石に刻まれた文字から、同地区の人々が文化 8 年（1811）6 月に建立したもので、「信州／高遠／笠原村／石工／赤羽和吉」がつくったことが分かります。

赤羽和吉が制作したものは、①宮地町の天王宮、②西善町霊園の二十二夜如意輪観音「文化八辛未歳二月吉日西善養寺村／信州高遠笠原村石工赤羽和吉」、③勝沢町の勝城神社の石祠「一宮／文化十一甲戌季秋吉日／信州高遠笠原村石工　赤羽和吉定毅」の 3 基が、前橋市内で確認できます。

一般社団法人高遠石工研究センター事務局長・熊谷友幸氏によれば、笠原村は現在の長野県伊那市美篶（みすず）笠原で、現在でも「赤羽」姓の家が残っています。前橋市内には和吉以外にも同村の「赤羽」姓の石工が石造物を遺しています。和吉との関係は不明で、親子や姻戚関係であることが推測されるということです。

高遠石工は石仏に銘は入れず、銘を刻んだのは地域や豪農などが願主となり建立した〈邑（村）中〉〈講中〉などの記念碑的な石造物、宝篋印塔、石灯篭、石鳥居、石橋、石祠などに限られます。宮地町は「東邑中」、勝沢町では「當村願主　五十嵐平右衛門」他６人の名が、願主として刻まれています。

高遠石工とは

江戸時代の高遠藩は、藩財政の増加を目的に「旅稼ぎ石工」を奨励。その多くは農家に生まれた次男以下の男子で、専業石工が多数存在しました。

現在、高遠石工の銘が確認されている石造物は、北は青森県から南は山口県まで１都 18 県に及び、石工も 1,300 人を超える数が確認できます。

その中でも、群馬県＝上州は、長野県＝信州以外で高遠石工が最も活躍したところだそうです。

上川淵地区内の高遠石工の石造物

高遠石工研究センターによれば、上川淵地区内では上記２基の他、次のものがあるということです（地区内合計 8）。

○西善町「祝昌寺」「青面金剛」「高遠片倉　守屋金兵衛利常」「文政二年己卯」※

○東善町「馬頭観音像（青面観音ヵ）」「石工伊那郡片倉村住　守屋七郎兵衛利常」

○広瀬町二丁目「飯玉神社」「双体道祖神」「信州石工倉田政右衛門」「寛政八丙辰」「當村中」

○後閑町「円満寺」「二十二夜供養塔」「石工信刕伊那郡高遠領笠原村赤羽利助銀□」「天明元辛丑年十月吉日」「女人村中」

○下佐鳥町「龍門寺」「常夜燈」「栗夕村　八兵衛」「文化五年」※

○宮地町「赤城大明神」「石殿」（石工不明）（年代無記載）※

※は現地調査しましたが、確認できませんでした。

（5）下佐鳥町の天王祭り

天王宮の左側壁面に、「文化四卯年　四月吉日」とある。

平成 29 年の天王祭りは、7 月 23 日の日曜日に行われました。かつては、毎年 24 日と決まっていましたが、皆が参加しやすい日にということで、24 日の直前の日曜日にと地域の申し合わせにより、行われることになりました。

下佐鳥町八幡宮の境内に石造りの天王宮が安置されています。この御宮には、「文化四夘年四月吉日」（1807 年）の年号が記されています。天王祭りが、210 年前に始まったと考えられています。

石造の天王宮の前には「御神燈」と書かれた門灯篭が掲げられる。

23 日午後 1 時、町内の当番衆 50 人ほどが境内に集合し、町の長老と神社の当番頭の指揮の下、御宮の飾り付け、門灯篭の設置、境内に飾り付ける灯篭張り（30 基）と手際よく進められました。祭りは、一週間続きます。かつては、御宮にはキュウリやナスなど、たくさんの農産物がお供え物として上げられました。

天王宮の四方に青竹を立て、しめ縄を張り巡らす。

町の長老が、80 数年前の自身の子どもの頃を思い出して話してくれました。「町内の子どもたちが境内に集まって、賑やかにはしゃぎ回ったものだった」。また、「母親がたくさんごちそうを振る舞ってくれて、お祭りの来る日を楽しみにしていたよ」や、また昭和 30 年代から 40 年代にかけて、当時元気いっぱいだった男衆から、「お供えのキュウリのお下がりを頂き、境内でぶつけあった」という思い出話も聞くことができました。

(6) 西善町上両家の天王祭り

上両家においては、牛頭天王のご神体をいただき神域に祀り、御宮を建立し、天王祭りを厚く執り行い、絶えることなく引き継がれて今に至っています。

この祭りの由来についての伝承は残されていませんが、その始まりは、石造の御宮に記された建立の年号から、文化15年(1818年)頃であったことが分かります。

掲げられた幟（のぼり）と天王宮に向かう参道に沿って張られたしめ縄

上両家の天王祭りは7月25日の前の土曜日に、6～7人の、その年の年番者が地区の公民館に集まり、花飾りをつくり、参道の入り口両側に祭礼の幟を立て、しめ縄を張り、御幣を付けるなど、準備を行います。当日前夜に氏子たちが五穀豊穣、疫病除け、家内安全、商売繁盛を祈願し、一年を無事に過ごせるようにお米、キュウリ、ろうそくなどを奉納します。

天王宮の前に奉納された飾り花。後日に花飾りは、氏子たちに1本ずつ下げ渡される。

石造りの御宮

御宮の正面の唐破風の下の額には「天王宮」の文字が深く彫り込まれている。御宮の台石の南側面には「文化十五戊寅（つちのえとら）　四月吉日」と年号が刻まれている。

［コラム 8］ 祇園祭・天王祭りとキュウリ

八坂神社の神紋は五瓜（ごか）に唐花（からはな）で木瓜紋（もっこうもん）ともいいます。また牛頭天王の神紋も木瓜紋です。天王様にキュウリを供える信仰の伝承はキュウリの切り口が木瓜紋に似ていることから生まれたといわれています。

天王様にキュウリを供えるのは信仰の伝承を引き継いだ慣行ともいわれています。

木瓜紋

---

4 石尊様

（1） 上川淵地区の石尊様

上川淵地区では毎年 7 月下旬から 8 月にかけて石尊様の祭りが行われます。それは、上佐鳥町中原、上佐鳥町西原、宮地町、下佐鳥町、東善町、

柵島町、西善町矢田、西善町下両家などで行われます。当地区に引き継がれている石尊様に共通するのは、石尊様の灯篭を水路の近くに設置し、灯篭を囲み四方に青竹を立て、しめ縄を巡らし、水路の上にもしめ縄を張り、1週間から1カ月間、地区の人が交代で明かりを灯し続けることです。また、「ぼんぜん」あるいは「ぼんてん」と呼ばれるもので、竹竿の先に巻きわらを付け幣束を挿して一年中高く揚げます。これは神の依代（よりしろ）とされるもので、これも複数の地区で見られます。

祭りの由来についての伝承はほとんど聞くことはできません。そうした中、上佐鳥町中原地区には「嘉永六癸丑（みずのとうし）年六月吉日」（1853年）と刻まれた「石尊大権現」の石灯篭があり、また柵島町には「慶應三丁卯（ひのとう）年六月吉日」（1867年）と刻まれた石尊様の石灯篭があります。これが、それぞれ祭りを始めた頃の時期を示す貴重な手がかりになると思われます。

伝統的行事や祭りの内容は、社会環境の変化によって変わるのは必然です。それも各地区で本質的な根幹部分をしっかり維持しながら、それぞれの事情のもと、簡素化が進んでいたり、古い儀礼をよく残していたり、あるいは別の祭りと合わせて変容を遂げているなど、それぞれの祭事に固有の様子を見せています。その好例として、上佐鳥町中原地区では“石尊大権現”の石灯篭の前に茣蓙（ござ）を敷き鉦を据え、子どもたちが次々と鉦を叩きながら念仏を唱えます。この祭事は石尊様と「百万遍」の念仏行事が結合したと推測されますが、いつこのかたちになったのかの記録や伝承は残っていないようです。

一方、隣接する同町西原地区では比較的古いかたちを残しており、石尊様の祭りでは水路の上にしめ縄を四方に張り、しめ縄の御幣が落ちるまで「さんげ、さんげ、六根清浄」と唱えながら水を掛け合います。そして、この地区では「百万遍」の念仏行事も毎年行われ、そこでは大勢の子どもたちが百万遍数珠を手繰（たぐ）りながら鉦に合わせて念仏を唱えています。両地区の２つの伝統行事の様子を比べると、その変容の違いは際立っています。

石尊様の元の姿については、その昔大方の村々で大山詣りを伴っていたのでしょう。いつの頃か、いずれの地区でも大山詣りの習わしが、時代の波に応じて止むこととなり、固有の祭事へと変容をたどり、今のかたちになっています。

(2) 上佐鳥町中原の石尊様

竿の先に掲げられた幣束（矢印）

中原地区には、今から約 164 年前に造られた、威風堂々とした石尊大権現（石灯篭）が祀られています。

毎年 7 月 28 日に幣束を立て、夕方、子どもたちの念仏（百万遍）でお祭りをしています。その後、町内の 2 軒 1 組で 32 日間、毎晩灯明を上げます。

石尊大権現には「嘉永六年」（1853 年）と刻まれています。石灯篭は横から見ると不安定な形にも見えますが、正面から見ると安定しており、灯明部の下の赤石とよく合い、実にバランス良く立っています。

石尊大権現の灯篭

石尊様の敷地は昭和 61 年に前橋市による通学路改修工事に伴って現在の形になりました。以前は石尊様の南に庚申塔（天明 8 年建立）、道の南に石造の天神天満宮（明治 27 年建立）がありました。今はともに 100m 西へ移して祀っています。

石尊様に関する資料を探すと、昭和38年の夏に、水稲消毒をヘリコプターで作業した時に撮った写真が見つかりました。そこには前橋南部土地改良事業以前の村の様子が写っています。特に写真には、棒の先にわら束を巻き付け、幣束を13本刺した"ぼんてん"を高い木に取り付け、掲げているのがはっきり写っています。その下には石尊様が見えます。

ショウジンバ（精進場）の前に川があり、水が豊かに流れていました。

午後6時、石尊大権現の前に子どもたちが集まり、念仏が始まる。

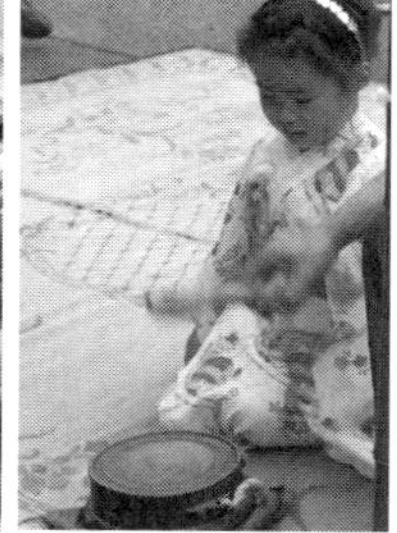

子どもたちが一人ずつ声を出し自分で鉦をたたきながら「な～んま～いだ～ぶ」と唱えながら、10回ほどたたいて次の子に代わり100回で唱え終わる。用意してあるスイカ、お菓子をもらい、花火をともし終了となる。

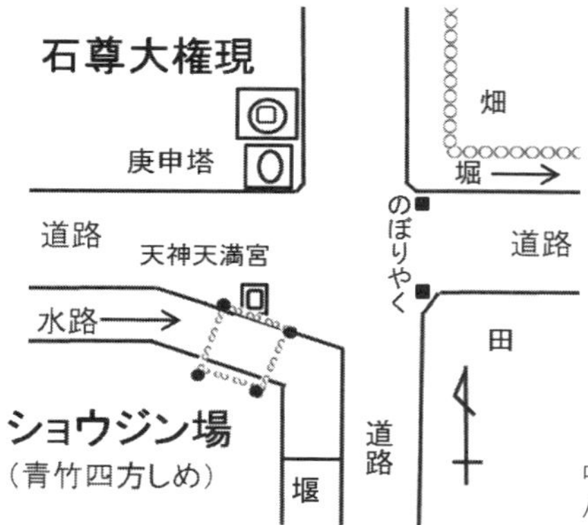

中原の石尊様とショウジンバ（昭和38年頃）

（3） 上佐鳥町西原の石尊様

当地区の石尊様の信仰は夏の雨乞い（五穀豊穣）、水難除け、疫病除けなどを祈願し、地域住民が平穏無事であるよう、永きにわたって伝承されてきました。

長い竹竿の先に飾られた幣束

石尊様の行事は、7月の第3日曜日の午前9時、全戸が集会場に集まり、年番（約20人）を中心に灯篭張りや御幣づくり、若い青竹を8本、長い青竹などを用意し、竹竿の先に麦わらの束を結わえ、13本の御幣と幣束を飾って"ぼんてん"をつくり、準備は完了します。

集落の中心にある"のぼりやく"（道路の両側、東西に立つ幟上げ用の石柱）の頂部に灯篭を据え、全住民が上組、下組に分かれて、夕刻、毛筆書きの順番回状により、灯明を上げ、日付を記して次に回わします。灯篭に隣接して飾り付けた"ぼんてん"は1年間立てておきます。以前は大きな木に結わえて、より高くしましたが、現在は高木はなく、地面から立てています。

"さんげ、さんげ、六根清浄"と唱えながら川の水をかけ合う。

"のぼりやく"の頂部に灯篭を据え、正面に2本青竹を立てて御幣を結ぶ。

参加者全員、集落東側の用水路に移動し、若い青竹を4本刺し、四方に張ったしめ縄に4つの御幣を結わえ、年番の人たちが「さんげ（懺悔）、さんげ、六根清浄」と唱えながら御幣が全て落ちるまで水を掛け合います。

その昔は、集落の西に流れていた“西川”（幅約4mほど、現在3面コンクリート）の浅く広い場所で、しめ縄に御幣を飾った4本の青竹を据え、村の長老もしくは年番のうち比較的年配者が四方に、白いふんどし裸姿でしゃがみ、“さんげ、さんげ、六根清浄、南無石尊大権現”と、3回唱えて水を掛け合い、神々しい雰囲気が漂っていました。また時には水掛け後、川の中で相撲をとって盛り上げた時代もあったといわれています。時が移り、場所ややり方が変わっても、石尊様の祭事は地区の大事な伝統行事として、今に受け継がれています。

唱えごと全文（村内の伝承による）

懺悔（さんげ）懺悔　六根清浄　大峰八大金剛童子　大山不聖不動明王　南無石尊大権現　大天狗　小天狗　哀愍納受　一律礼拝　帰命頂来

［コラム9］石尊様とは

石尊様は、大山阿夫利（おおやまあふり）神社のことで、神奈川県伊勢原市大山に祀られている神社で、延喜式神名帳に名前が載っている古い神社です。祭神は大山祇神（おおやまづみのかみ）です。神仏混淆の盛んな中世から、大山石尊大権現と称していたので石尊様といわれています。大山は丹沢山塊の東端にそびえる名山で標高1,253mあり、別名雨降山、阿夫利山ともいわれ、古くから修験道の山で、修験者による雨乞いの霊験があり、商売繁盛、農漁業などの神として、関東・東海に信仰圏を持っていました。本県でも全県に石尊信仰が行われていました。

長老の話によると、古くは村によって祭り当番の者は、裸になって川に入り、「ざんげ、ざんげ、六根清浄」と唱えながら水を掛け合って水垢離（みずごり）をとってから祭りをしたところもあったといいます。このように石尊信仰は、夏の雨乞いとともに、疫病除け、水難除けなどの信仰もあったようです。江戸時代（特に享保～宝暦の頃）には、富士講と並んで大山参り（大山講）が盛んに行われました。これは大山御師と呼ばれる修験者が、地方を回り普及させたため、庶民の中に石尊信仰が盛んになったといわれています。

毎年交代で大山参りに代参者が行き、宿坊に泊まって大山に登り、石尊様（阿夫利神社）の御札を受けてきて、各戸に配ったといいます。この代参者も水垢離をとって出発したとか、帰ってくる日には村の役員は川に入り「ざんげ、ざんげ、六根清浄、南無石尊大権現」などと唱えて、身を清めて代参者を迎えたということです。また、代参者が大山参りに行っている間は、毎日灯篭の火を入れるとか、仮小屋をつくるとか、村々によっていろいろあったようです。いずれにしても、昔の娯楽の少ない農民にとっては、この代参は物見遊山の一つとして、歓迎されていたのだと思います。

---

(4) 宮地町の石尊様

灯篭には、赤色、黄色、白色の紙を張り「御神燈」と記す（写真右）。河川にも４本の青竹を立て、しめ縄を張る（写真左）。

宮地町の石尊様の祭りは、現在は東地区において、自治会（東）の行事として引き継がれています。7月に入ると自治会役員が「ツラヌキ」といって毎戸200円の寄付を仰ぎ、青竹・お神酒・半紙・細縄・色紙などを準備し、7月27日早朝、全戸1人が石尊様に集まり、石尊様の灯篭の四方に青竹を立て、しめ縄を張ります。

川にも４本の青竹を立て、しめ縄を張るが、今では水路としてコンクリー

ト製で整備され竹を立てるのも難しくなりました。

26年前には、水路の上にしめ縄を張っている。(『宮地町の今昔』から)

飾り付けが整ったら、地域の安寧および水難除け・疫病除けを祈り、7月27日の夜から1週間、自治会長（副会長）がお灯明を上げます。

催事内容は今と昔を比べると変化しながら継承されています。由来や昔の様子を知ることは困難ですが、平成20年3月発刊の『宮地町の今昔』（細野友重）には、以前の祭りの様子が記されていますので、その様子を記すと次の通りです。

「祭り日は、7月27日から8月27日までの1カ月で、昔から子どもの行事として引き継がれてきた。東西宮地は別々に行われた。東宮地の場合は7月27日に子供が集合し、年長者の指図で「ツラヌキ」と云って、全世帯を回り家族数に応じて何銭かの寄付を求める者、縄を貰い集めるもの、半紙を買って、幣束を作って貰う者、青竹を貰い集める者、等々の分担によって、石尊様の四方に青竹を立てて注連縄（しめなわ）を張る。灯篭には太陽は赤色、月には黄色、正面は白色の紙を張る。また、河川にも四本の青竹を立ててしめ縄を張る。神社の入り口(鳥居の前)にあるムクロ樹の大木には、大竹の先に幣束（へいそく）をつけて木の上に出るように高い所に立てた。

西宮地の場合は旧火の見櫓（やぐら）の所に立てたと云われている。これで一応の準備は終わるのであるが、全世帯からの寄付金と、前年立てた大竹の古いものを物干し竿として希望者に廉価で買って貰い、これ等の資金で半紙、麻、ロウソク等（ロウソクは毎晩1本で1カ月分）を買い、残った金で駄菓子を買って供えた。この供えた菓子は供物として夕方、小学校へ入学前の子供や老人達に与え、残りは子供達で分配する。これが魅力で1銭でも多く貰い集めることに努力した。

ロウソクを各人に分配して１カ月間、交代で灯篭にあげることにした。また、祭日にはしめ縄を張った川の中に入って「ざんげ、ざんげ（懺悔）」といって水を掛け合って「ハシャイダ」ものだ。他村では大人の祭りで「ざんげ、ざんげ、六根清浄、南無石尊大権現」と唱えながら水の掛け合いをしたところもあるようだ。宮地では子供の行事のためここまでの唱えはしなかった。

この祭りも戦後次第に教育文化の向上と云うか、変化によって子供達は勉強に追われ村の行事には参加する時間が与えられなくなって、遂にその形式は簡素化されながらも伝統の祭りを守ることから大人（自治会）の行事として継承されるようになった。」

赤城神社境内のムクロ樹の大木。昔は大竹の先に幣束をつけて木の上に出るように高く立てたが今は廃止された。（『宮地町の今昔』から）

（5）西善町上両家の石尊様

上両家の石尊様は、供養と水難事故防止を願って、宮川の両岸を清め、１カ月間灯明を上げ続けます。それは当地が地理的に、周囲が高台で、台風などで水害が多く、宮川が子どもの水浴びの場のため水難事故が多かったからです。今、宮川は三面コンクリートの用水路となっていますが、灯明を上げる石尊様の灯篭は、か

今、宮川は３面コンクリートの用水路となっているが、かつては子どもが水浴びをした場所。そこに灯篭を立て、しめ縄を四方に張る。場所は今も昔も変わらない。

つての水浴びの場所に立てられています。

7月28日、「奉納　阿夫利神社」と記した灯篭を立てます。周囲に青竹を立てしめ縄を四方に張り、灯明を1カ月間ともします。灯明を上げるのはその年の年番者で、交代で上げ続けます。

長老の話では、昔は宮川に大人が入り、「ろっこんしょうじょ」と唱えながら水を掛け合ったそうです。この神事が終わるのを待って子どもの水浴びが許され、子どもたちが一斉に水に入ったそうです。

(6) 下佐鳥町の石尊様

八幡宮から200 mほど東の地に、かつて「しらじっぽり」と呼ばれた堀がありました。大きさは70㎡ほどで、溜め池として造られたものでした。堀には、小魚やエビ、ウナギもいました。子どもたちの格好の遊び場でした。この堀は、土地改良工事に伴って、その役目を終え、埋め立てられました。石尊様は、昔も今もこの地で行われています。

御幣を付けたしめ縄を周囲に張った石尊様（右）、高く掲げられた幣束（左）

平成28年の祭りは、7月24日（日）に行われました。初めに石尊様の灯篭が安置されます。

次に石尊様の四方に青竹を立て、しめ縄を張って、御幣を飾り付けます。締めは、青竹竿（約7 m）の飾り付けた御幣の立ち上げです。用意された1本の青竹竿、竿の先にわら束を結わえ、御幣を飾り付けて、高く掲げられます。石尊様の祭りは1週間続きます。昔は、青竹竿を翌年の祭りまで飾っていましたが、今は、1週間で片付けます。

石尊様の隣には道祖神の石碑（安永4年4月建立、1775年）が立っています。石尊祭りも古くから行われていたと考えられます。

(7) 東善町の阿夫利様

東善町では阿夫利様あるいは石尊様と呼ぶ古来からの祭典行事が「東善町伝統行事保存会」により受け継がれています。灯篭としめ縄の設置は、平成29年は7月23日。駒形町との境界の韮川の川べりに大きな阿夫利様の灯篭を立て、幣束をはさんだ2本のしめ縄を韮川の両岸に掲げた竹竿で、川を横断させて渡します。片方の竹竿の先に巻わらを付けて揚げます。

韮川の川べりに灯篭を立てる。

韮川の上に渡したしめ縄

灯篭には、7月27日から8月26日の間、町内の人たちに当番名簿を回状し、夕刻に灯明を上げてお祀りし、一年間の五穀豊穣、家内安全、病魔退散、諸願成就を祈願しています。

(8) 㮶島町の石尊様

㮶島町では、7月27日から約2カ月間、石尊様の祭りが行われます。公民館の敷地内の北角に阿夫利神社（石尊様）の大きな石灯篭が立っており、ここが祭りの場所となります。石灯篭の四方に笹竹を立て、しめ縄を張り、御幣を付けます。灯篭の灯明部の正面に張った半紙には中央に「阿夫利神社」、その両脇に「大天狗」「小天狗」の墨書きをします。

栅島町の阿夫利神社の灯篭（左）
飯玉神社境内の「大山 彦尊」の石碑（右）

自治会の年番長が作成した「献灯名簿」を基にし、毎日交代で灯明を上げます。願い事は、夏の雨乞いと水難除け。

この祭りの始まりについての伝承はありません。阿夫利神社（石尊様）の石灯籠には「慶應三丁卯（ひのとう）六月吉日」（1867）と建立の年が刻まれています。古老の話によれば、石灯篭の元々立っていた場所は利根の河岸で、天満宮をはじめ他の神々の御宮や石碑と一緒に祀られていて、明治 43 年に大洪水があり、危険になってきたので、これらを飯玉神社の境内に移しました。しかし、阿夫利神社の灯籠は大きく運ぶのが大変であったので、時の組頭の屋敷の隅の往還道路沿いに移したといわれます（今井侶元『栅島町を温ねて』2002）。また現在、公民館敷地内北の場所にあるのは、その後、道路拡幅で移動したことによるものです。

なお現在、飯玉神社の社殿に向かって左の石山には利根川河岸から移されたお宮や石碑が立ち並んでいますが、この中に大山彦命の高さ 75cm の石碑があり「万延元庚申（かのえさる）」（1860 年）の建立年が刻まれています。この石碑の建立年を考慮すると、栅島町の大山信仰の始まりは阿夫利神社の灯篭の建立に 7 年以上先立つということになります。

（9）西善町矢田の石尊様

矢田の石尊様

西善町矢田の石尊様は、毎年７月27日に祭年番によって祭られています。祭年番は、町内各班から１人と自治会三役の15人で構成されていて、祭年番長を中心にして祭りを行っています。

現在は、公民館の庭に灯篭柱を中心にして、笹竹４本を立ててしめ縄を張り、ロウソクを上げます。また、石宮の前に、「大山阿夫利神社」や「町内安全」、「五穀豊穣」などと書いた四角の灯篭を置きます。

土地改良前は、集会所の前の用水路に笹竹をまたがせて、しめ縄を張り、灯篭柱を立てました。また、長い竹竿の先の巻きわらに幣束を付けた「ぼんぜん」を集会所のところにあった桜の木の上に立てました。このぼんぜんを高く上げるほど神様が喜ぶとか稲の色がよくなるとかいわれました。ぼんぜんは、一年中揚げておきました。土地改良により、公民館の場所も変わり、用水路もなくなり桜の木もなくなったので、現在はぼんぜんを上げません。

祭りでは、石尊様に御神酒を上げて、年番の人たちは直会（なおらい）で酒肴でお祭りをしました。

なお、この日から1カ月間町内の各戸（数戸が一組）が順番で、毎晩ロウソクを上げに行きます。

古くは（昭和初期）石尊様の祭りをするする人たち（年番）は、川に入って水を掛け合いみそぎ、「ざんげ　ざんげ　六根清浄」と唱えたといいますが、現在は川もなく、みそぎも唱えなくなっています。

（10）西善町下両家の石尊様

下両家の石尊様の灯篭

西善町下両家の石尊様は、７月28日から８月28日までの１カ月間阿夫利神社として、水難除けを願って行われます。祭は年番（町内を７組に分けたうちの１組）が交替で行います。

年番は、祭りの前になると公民館に集まり、のぼりを立てたり公民館の前の用水路をまたぐように笹竹を立てしめ縄を張り、灯篭を立てるなどの準備をします。灯篭には、全戸が交替で毎日ロウソクを立てます。全戸が回りきるのに３年ほどかかります。

また、年番は、祭りのために、各戸から500円を集めて、祭りの資金にします。

昔は、「ざんげ　ざんげ」と唱えて、川に入ってみそぎをしたり、高い木にぼんぜんを立てたりしましたが、現在は行っていません。

5　天道念仏

（1）上川淵地区の天道念仏

天道念仏は、天道様を祀るもので、五穀豊穣を祈願する祭りであり、併せて無病息災・家内安全を願うものといわれます。群馬県内の多くの天道念仏は、春・秋の彼岸の中日に実施されますが、西善町西善も中内町も農休みの中日（田植えが終了し、次の夏蚕の養蚕の始まる前の間で、村ごとに決める3日間）に行います。天道念仏が終わると、お神酒、供物を下げていただく直会という宴会をしますが、現在では、高齢者の楽しい交流の場であり、娯楽の場にもなっているようです。

（2）西善町西善の天道念仏

当地区の天道念仏は古くから伝承されているようで、今使われている念仏鉦に「延宝四丙辰（1676年）天 十月十五日　江戸 西村伊右衛門尉作　那波郡前橋藩領西善養寺村」の銘があり、これは今から340年ほど前で江戸前期のものです。したがってその頃からこの鉦がたたかれて天道念仏が行われてきた可能性も考えられます。記録がないので古くはどのように行ったのか不明ですが、大筋は変わらないと思われます。現在の天道念仏は農休みの中日（現在は7月26日）に老人会の人たちによって、五穀豊穣と無病息災を願って公民館で朝8時頃から始めて正午頃まで鉦と太鼓をたたいて念仏を唱えます。その後直会となり、午後1時頃には終了します。以前は日の出から日没まで念仏

お祭り日、念仏が行われる公民館に据えられた祭壇に仏像を安置し、酒、果物、供え餅などをお供えする。

公民館に集まって、男女別に5人～10数人が輪になって、鉦、太鼓を据え、皆が撥をリズムに合わせて、チャンチャンチャン　チャンチャンチャンと3回ずつ、団欒を楽しみながら、ひたすら鳴らし続ける。

をしたといわれています。また、会場も昔は当番の家が宿となり、宿の家は早朝に餅をついたり祭壇の準備をしたり、茶菓などの用意で大変だったようです。

今は老人会の人たちが天道念仏を行います。会場の祭壇作りなど準備をする祭壇には酒、餅、供物などを上げ、花を飾ります。昔は祭壇にしめ縄を張ったといわれますが、今は省略されています。餅は自治会長が上げて、この餅は天道念仏が終わると切って全員にオミゴク（＝供物）として配られます。

(3) 中内町の天道念仏

中内町の天道念仏は7月25～31日の間の農休みの中日に、老人会の役員と70歳以上の高齢者が参加し、五穀豊穣を願って公民館で行います。いつ頃から行われていたかは不明で、文書や記録は残っていませんが、江戸後期から明治時代には行われていたようです。

古くは区長（今の自治会長）が中心になって設営や当日の一連の行事を仕切っていました。念仏などの実際は「念仏ばあさん」と呼ばれるおばあさんが行っていました。時とともに、この引き継ぎが難しくなり、老人会に任されるようになりました。老人会の役員は前日に会場準備をし、祭壇には酒や供物、菓子などを上げ、花を飾ります。もとは1臼分くらいの大きな丸い餅を区長（自治会長）が中心になって用意しましたが、今は餅の代わりに饅頭を奉納します。これは念仏が終わった後に全員に供物として配られます。

当日は、朝6時から夕方4時頃まで鉦（2個）太鼓（大小）で音頭をとり、「ナンマーハイ　ダーハンボ」（南無阿弥陀仏大願望）と唱え、人数を4組に分けて15分で交替して行います。この日は町内の人々がお参りに来て、供物をいただいて帰ります。

60年ほど前は、「念仏ばあさん」たちは、天道念仏の行事を済ませると、各自座布団を背負って、駒形町の芝居などに出掛けました。これは、奉納されたお金を分け合って費用に充てていたものと思われます。

現在、中内町では伝統的な行事の継続を願って、自治会費から「長寿会」へ補助金を出して、行事を続けてもらっています。

［コラム10］　天道念仏とは

天道念仏の「天道」とは、太陽（お天道様）のことで、太陽を神格化して信仰する太陽崇拝の農耕儀礼と踊念仏が習合したものといわれています。南無阿弥陀仏を唱和する念仏は鎌倉時代に法然・親鸞・一遍を経て東国でも広く普及しました。中でも一遍を宗祖とする時宗（時衆）は、市井の人々を巻き込み、念仏踊りや百万遍念仏にまで発展しました。それが時代とともにいろいろな民間信仰の行事と習合して、盆踊り、雨乞い踊り、豊年踊りなどの民俗芸能へと移っていったものといわれています。

いつの頃からか踊りは念仏と分かれていき、本県の天道念仏の場合は踊りが入っていません。「江戸名所図絵」には天道念仏踊りの図が出ていますが、本県の『閭里（りより）歳時記』（閭里＝むらざと）の彼岸の頃に「浄土宗の寺々では法会説法があり、彼岸の中日の夕方、郊外の僧庵などに老いたる男女が集まり、声高に念仏を唱え入り日を拝むことあり、これを天道念仏という」と記されていて踊りは出ていません。

天道念仏は、県内では中毛地区に多く伝承されていて、その多くは春と秋の彼岸の中日の頃を中心に町内の堂や集会所、公民館あるいは特定の宿（当番の家）などで、日の出から日没まで鉦や太鼓を鳴らして念仏を唱える行事です。参加者は老人が多く、老女だけのところや一戸一名参加というところもあります。信仰内容は、悪魔除け（疫病除け）無病息災、悪魔祓いと、豊年祈願、五穀豊穣、ムラの安泰、家内安全などといわれています。
医学の進んでいなかった時代は、さまざまな民間信仰があり、カミやホトケにすがって生活していたわけで、特に夏は疫病除けや悪魔祓いなどの行事が多かったようです。また、農民は太陽の恵み（自然の恵み）により豊作を祈願し、太陽に感謝するという農耕儀礼が盛んに行われました。

6　百万遍

(1) 上川淵地区の百万遍

当地区の百万遍は、現在、上佐鳥町西原地区では7月23日の夕方、西善町下両家では8月17日の昼間、行われています。西原地区の百万遍念仏の内容は、県内の多くの地区のものと近い形で行われていますが、下両家の百万遍は、数珠を使わない形で行われています。また、下両家の御祈祷念仏では、周辺地域のお葬式の後に行われていた念仏の一部が使われています。百万遍と葬祭の念仏がいつの時代にか結合したと考えられます。
下両家は、年番となった組の方と関心のあるお年寄りによって行われています。念仏を唱えることができる方がいなくなってしまい、念仏を録音しておき、それに合わせて念仏を唱えるなど、工夫をしながら地域の伝統行事を次の世代に残そうと努力をしています。
上佐鳥町中原では石尊様の祭事に取り込まれるかたちで百万遍が伝えられています。
なお、『上川淵村誌』によると、宮地町において、かつては百万遍が行われていました。大太鼓を囲んで大人と子どもが座り、「ナンマイダンボイ」と唱えながら、数珠を回しました。この行事は、今は行われていません。

(2) 上佐鳥町西原の百万遍

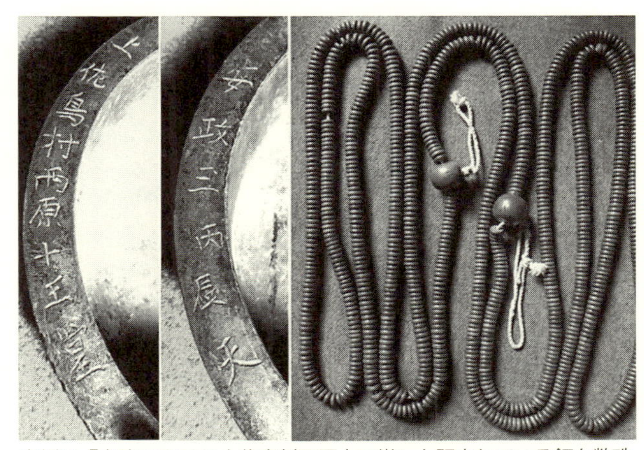
裏側に『安政三丙辰天 上佐鳥村西原十三堂』と記されている鉦と数珠

日中の暑さが去り、涼しくなってきた夕刻、地区のやや北寄りに位置する霊廟（納骨堂）前広場から鉦（かね）の音とともに「ナンマミダンボウ」（南無阿弥陀仏）の子どもたちの元気な声が響き渡ります。

百万遍は当地区の重要な伝統行事の一つとして長きにわたり祖先から伝承されてきました。毎年7月23日の夕刻に行われ、多くの若い世帯の定着に伴って年々子どもたちが増え、賑やかな行事となつています。

霊廟が建立される前は共同墓地を管理する家族が住んでいた藁葺（わらぶ）きの庵があり、中央の広めの部屋で百万遍の行事が行われてきました。戦後の混乱も治まってきた昭和30年頃、ここに住んでいた家族が長野県に移住して廃屋になり取り壊されました。

昭和42年4月11日付で知事から跡地に納骨堂の新設が許可され、跡地や墓地、広場を含めて一体的な整備が行われ、広場は百万遍の他、地区の夏祭りの会場にも使われた時もありました。当地区の百万遍はいつ頃から行われるようになったのか定かではありませんが、一つの手掛かりとして現在使われている鉦の裏側に「安政三丙辰（ひのえたつ）（1856）天 上佐鳥村西原十三堂」と銘が記されています。今から約160年前に当たります。この鉦は百万遍の他に戦後まで行われた村のおばあさんたちによる念仏講にも使われました。

子どもたちが輪になって数珠につかまり、念仏を唱える（写真左）。輪の中心に1人、鉦叩きが座る（写真右）。

百万遍に使う大きな数珠は旧家の福島吉康氏宅に古くから伝わるもので、氏によると昔（時代は不詳）、東京のあるお寺から埼玉県、群馬県内の3カ所に贈られたうちの一つで、同家によって今日まで大切に引き継がれてきました。

百万遍の当日は午後4時過ぎに、霊園前広場に自治会役員と年番の人たちが集まり、清掃や電灯の設置、シートやゴザを敷いて場所づくりを行い、開始時刻を待ちます。夕刻6時、大勢の子どもたちが父母と共に集まり、子どもたちが輪になって座り大きな数珠につかまります。輪の中心に1人、鉦叩きが座り、鉦の音に合わせて元気よく「ナンマミダンボウ」(南無阿弥陀仏)と唱えながら数珠を回し、大きな珠が来たら顔の方に持ち上げ、次に回します。鉦叩きは時々交代し、子どもたちに疲れがみられる頃になると行事は終わり、集まった子どもたちはたくさんのお菓子をいただき、ニコニコ顔で父母と共に帰路につきます。

祖先から受け継がれてきた伝統行事を通して混住化が進む地域の人たちが世代を超えて一体感を醸成し、子どもたちには故郷の良い思い出づくりになっていることなどに鑑み、しっかりと次世代に伝承していくことが責務ではないかと思われます。

(3) 西善町下両家の百万遍

西善町下両家の百万遍念仏がいつから行われてきたのかは、記録が残っていないので分かりません。

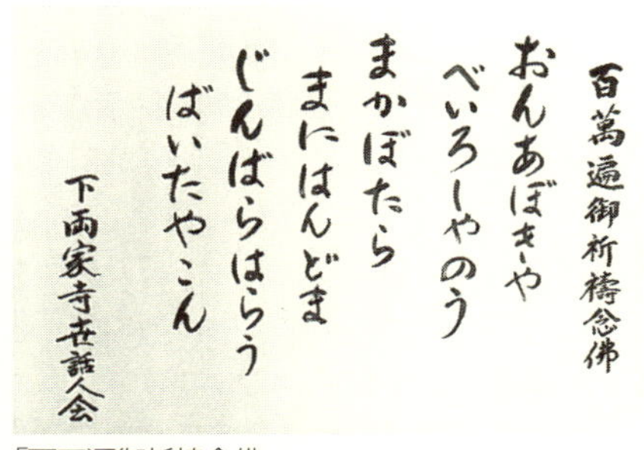

「百万遍御祈祷念佛」

百万遍は、8月17日午後1時からおよそ2時間、年番と自主参加の高齢者によって西善町下両家公民館で行われます。年番は、町内の住民を7組（各組12～13軒）に分けて、各組が順番に1年間のすべての行事を担当します。百万遍当日は、「百万遍御祈祷念佛」と題し、ひらがなで念仏を記した紙を壁に貼り、机に仏具（三界萬霊有縁無縁と記されている）、蝋燭立てにロウソクの火をともし、線香立てに線香100本、木魚、鉦、皿、水を入れた鉢を並べ、4人が並んで座ります。鉦（かね）と木魚に合わせて念仏を唱え始め、1回の念仏を唱え終わると、線香に火を付けて立て、同時に唱えるごとに鉢の水を杯で皿に移します。念仏は100本の線香が立て終わるまで行います。念仏はゆっくり唱えますが2時間くらいで終わります。

仏具

以前は、念仏を先導できる人がいましたが、現在は録音したものに合わせて念仏を唱えます。

念仏を記した紙、『百万遍御祈祷念佛』は写し替え、伝えられています。

［コラム 11］百万遍とは

百万遍とは、百万遍念仏の略で、本来は浄土往生のために、百万回念仏を唱えることです。元弘元年 (1331 年) に疫病が流行したとき、京都知恩院八世の善阿円空が後醍醐天皇の勅を奉じて、宮中において 17 回の百万遍念仏を修したのがはじめであるといわれます。

ここで取り上げる百万遍は、主として夏季に、お堂や集会所などにおいて、数珠を繰りながら、ナムアミダブツと唱え、悪病退治を願う行事です。15 世紀後半に、すでに本県においても百万遍念仏が行われていたことが石碑などから知られていますが、県内において広く行われるようになったのは、江戸時代からと考えられています。

この行事は県内各地で行われていますが、その形にはやや地域差が見られます。名称は、百万遍が一般的で、他にナンマイダンボ、ナンマイダ、土用念仏などがあります。場所は、お堂、寺、当番の家、毎戸訪問、薬師堂前などです。時期は夏季が多く、実施日は、1 日だけ、3 日間、7 日間など地域によって異なります。参加者は子ども (小学生) が主体で、大人は世話役として参加するところが多いようです。

7　山車と祭囃子

(1)　上川淵地区の山車と祭囃子

上川淵地区では、平成 29 年の夏は、3 地区で山車とお囃子が披露されました。それは山王町、東善町、上佐鳥町上野などですが、それぞれに地区ごとの事情により、山車をめぐる祭りのかたちの違いも興味を引きました。

山王町では山車を組み立てたまま格納庫に保管でき、毎年の夏祭りには、山車と子供神輿を隔年交代で町内を曳き回します。山車の町内巡行を行わない年は祭会場の日枝神社境内の山車で祭囃子が披露されます。

東善町では、夏祭り会場中央に据えた山車でお囃子が奏され、祭りを盛り立てます。山車は組み立て作業を伴わず、トラックの台車に乗せた構造ですが、近年では交通安全上の対策から道路に曳き出していません。

上佐鳥町上野では毎年恒例の秋祭りに代え、平成 29 年の夏、13 年ぶりに山車の巡行を行いました。特筆すべきは、山車は解体して収納されているため、事前の準備として、山車の組み立て、解体の作業を伴うことです。組み立ては 20 人ほどの地区の人たちの手で 1 日がかりで行われ、解体は、山車の巡行の日の午後に行われました。地区総がかりで日時を費やし、準備から収納まで行う一連の作業は、それが村社会のつながりが強かった往事と違って、大変なことと思います。結集した地区民の強固な支えがあってのことと思います。

山車に伴うお囃子は、各地区で祭りを担う人たちからは、次世代への継承が山車を維持する以上の工夫と努力を伴うこと、と聞かされます。お囃子の継承は各地区ともおよそ共通していて、年配の経験者たちが小学生に祭り日の 1 週間から 1 カ月前、およそ隔日か連夜の訓練を重ねます。山王町では平成 21 年から毎年 7 月の恒例の行事として行われてきており、また東善町でも昭和 53 年に 45 年ぶりに復活してから、以来後継者へ引き継がれてきました。

お囃子の継承が一端途絶えると、指導できる経験者がいなくなり、その復活は困難といわれます。上佐鳥町上野では、長く途絶えていましたが、長老方の熱意によって、小学生に引き継がれて、祇園囃子が復活しました。長老方は、撥さばきは 13 年ぶりでも体が覚えていると、楽しそうに話されていました。

上川淵地区には、過去に山車を曳き出し、いつしか途絶えてしまった地区は少なくありません。昭和8年以前、山王祭（日枝神社大祭）に参加した西善、中内、矢田、両家の4地区も山車を曳いたことが記録に残されています。また上佐鳥町内の新町、中原、西原の3地区でも昭和20年代に上野と一緒に秋祭りで山車を曳き出したとのことです。

上両家の山車の部品　中仕切り（左）及び鬼板と懸魚（右）

西善町西善地区の山車の部品　鬼板（上）と懸魚（下）

このうち、当時の姿をしのぶ山車の部材を残し、今でも確認できるのは、西善町上両家と上佐鳥町中原地区。部材は一部失われるも良く残っています。西善町西善には鬼板、懸魚の彫刻部材のみが残っています。また宮地町にも、山車の部材が古くから旧家に残されていました。この山車の部材は、古老の話によると、製作年代は不明ですが明治中期までは、祭りの都度曳き出されていたようです（『上川淵村誌』）。これは現在、上川淵地区郷土民俗資料館の保管となっています。それぞれに往時の農村の祭りの様子を伝える貴重な証しとなるものですが、今後必要な調査と保全及び次世代への継承が課題となっています。

(2) 山王町の祇園祭

山王町の祭りは日枝神社の春季例祭と秋季例祭があります。これは下大島、山王、東善、中内、西善、矢田、両家の旧7カ村によって行われます。これらの祭りの他、境内を借りて山王町自治会が主催する夏祭りがあります。この祭りは、①子供神輿の町内巡行と芸能大会（憩いの夕べ）で構成する納涼祭、②山車の町内巡行の祇園祭の2種類があり、一年交代で行われます。

祇園祭

山王自治会の夏祭りの行事として山車が町内を巡行する祭りです。日枝神社で安全祈願を行い町内を曳き回します。順路は日枝神社から山大新橋までの間を昼1回、夜1回往復します。山車の上で山王町祭り太鼓を演奏します。昼は小学生が、夜は大人、中学生、小学校高学年が披露します。

平成28年、神社参道に曳きだされる山車。昼の巡行に出発。

山車の準備は2週間前から、車輪に水を掛けることから始まります。祭りの前日に清掃、飾り付けの準備をし、当日の午前に神社境内に曳き入れ、花飾りや祭り提灯を取り付けます。山車の正面に武者人形、後面に大太鼓、三連太鼓、鉦2つを取り付けます（祭り囃子演奏時にはこれらに横笛が入る）。柱には紅白の帯を巻き付け、梁や台周りにも幕を取り付けます。

祭り太鼓（お囃子）

祭り太鼓は数種類あったと聞いていますが、現在は三太鼓（さんでこ）と転がし太鼓（ころがし）の2種類で演奏しています。祭りで被露するお囃子の構成は前奏に続いてさんでこに移り、さんでこを12回ほど繰り返した後、上げという間奏を入れ、さんでこに戻ります。この後、この上げとさんでこ1回繰り返し、ころがしに移ります。ころがしに移った後はころがし数回と上げを繰り返し、この上げから再び、さんでこに戻ります。最後は頃合いを見計り、上がりを演奏し、終了します。

祭り囃子（太鼓）の継承

祭り囃子の練習は毎年、大人は4月から夏祭りが始まる前々日まで毎週1回、子ども（小学生30人ほど）は祭りの前2週間（10日程度）公民館で練習します。子どものお囃子の指導はお囃子会が行っています。お囃子会は指導者（旧お囃子保存会）7人と会員を合わせ25人の大人がおり、そのうち、習い手は8人で、50歳後半から70歳代であり、指導者はさらに高齢です。大人の習い手が増えない課題はありますが、山車の上で披露したお囃子は、今後も次世代の子どもたちに受け継がれていきます。

小学生たちが、祭りの前2週間、夜の7時に公民館に集まり、特訓を受ける。

（3）日枝神社大祭の昔をたどる

長く時代を引き継いできた秋の山王祭り、その祭りの様子は古記録や写真、また山車の残存品を通して知ることができます。

秋の大祭は下大島、山王、東善、中内、西善、矢田、両家の7カ村が一緒になって盛大に行われました。しかし、昭和53年の大祭を最後に以後行われることなく今に至っています。この大祭については残された数少ない写真から、その様子をうかがうことができます。

また、昭和８年の大祭には流鏑馬を挙行し、７カ村から山車が繰り出す、盛大なものであったことが宮下清五氏により詳細に記録されています。

さらに、明治 28 年には「春秋祭典古例式」として、天川を含む８カ村の神社総代の連名で、神事の内容と行事の進行の記録文書が作成され、文書中には各村が「祭山車」や「錺台（かざりだい）」に新たな工夫を凝らしたと記されています。

山王町の山車と子どものお囃子（昭和 53 年山王祭り）

山王町の山車（左側）と東善町の山車が並んでお囃子を競ったという。（昭和 53 年山王祭り）

日枝神社境内の武者姿の人たち（昭和 53 年山王祭り）　徒歩侍が持つ提灯には「㊀ 東善町」と認められる。

行事の進行	明治 28 年　日枝神社大祭 瀬戸正弘『上陽郷土記 1992 より（抜粋・原文は漢文）	昭和８年　日枝神社大祭 宮下清五「日枝神社祭典記録　山王様のお祭り」『前橋南部の民俗』1993 所収
山王祭り 実 施の決定	8 月 15 日（旧暦）、各村氏子総代等が祭事を協議し、この議決により、イザネ（祭りの総理）及該当係員を選定する。	十五夜の夜、氏子総代会議が、本祭の実施を決定、一番の大役「イザネ」のほか、騎手役、山車役、囃子方役等が決められる。
競馬演習	8 月 28 日、9 月 1 日、9 月 3 日、9 月 5 日、走馬演習を行う。	10 月 15 日（新暦）、練込行列　競馬の総習いをする。
山車の行進	（記述なし）	10 月 16 日、宵祭り　申の刻、馬の神事が終了すると山車は灯を入れて、大島、山王、東善、中内、西善、矢田、両家の順にお囃子の中を神社と仮宮間を３度行進し、境内で一泊する。
しめ縄張り	9 月 7 日夜、注連神事を行う。丑の刻神事と呼ぶ。祠職が社殿庭前、長馬場を清め祓い、唐崎に行き、しめ縄を張る。	10 月 17 日、七五三縄（しめ縄）張り行事。　早朝寅の刻にイザネ・山王の氏子総代の一人が張る。
神楽獅子 の奉納	9 月 9 日、申（さる）上刻に獅子頭が社頭に到着し、大、小神楽を奉納する。	10 月 17 日、練込神事の大祓行事　仮宮寄りの、神社間の所でササラ踊りが奉納される。
七度の迎え	9 月 9 日、第二的の使者を七度に及び迎える。第一的正列にて唐崎に到着。	10 月 17 日、一の的総イザネ邸に二の的のイザネ役が未の上刻七度目の迎えが去ると、直ちに、発進用意の発令があり、騎乗し、七五三縄前へ向かう。
しめ縄切断 （唐崎・仮宮）	9 月 9 日、以前 9 月 7 日に祠官が注連を張り、刀を振って注連を切断、これを行う者は東善養寺村の多胡氏。	10 月 17 日、連込み神事の開始 七五三前に行くまでは仮イザネが先導する。七五三切断役は東善多胡家当主、七五三縄を切断する。
行列順序	9 月 9 日、行列順序 ・先払い ・大神楽、万灯・長大刀、お囃子 ・鉄砲、弓　日章錦旗 ・鉄砲　弓　月章錦旗 ・台笠立傘、長柄鑓 ・前騎・後駒（流鏑馬・女装） ・万灯。 ・総勢押え ・第二　「日吉山王御祭礼」、「天下泰平」「国土安全」の旗。 ・第三　小神楽獅子三頭、子供囃子	10 月 17 日、行列の順序 先導　イザネ役 1　神官　大祓榊を奉持 2　神官　宮司 3　神官　稲穂を奉持 4　総イザネ 5　七五三切断役 6　錦旗 7　神馬 8　輿祭人，担夫６名 9　楽士，笙，篳りき，太鼓 10　大神楽獅子頭 11　ササラ踊・小獅子頭 12　大幟 13　大万灯 14　一の的（１尺角板に的） 15　毛槍 16　徒歩侍 17　弓４張 18　種子島銃 19　差添役 20　武将 21　ヤブサメ口取，薙刀 22　二の的 23　三の的 24　四の的
しめ縄切断 （神社鳥居）	9 月 9 日、行列が鳥居前に到ると、祠職が拝殿を下り、お祓い後、鳥居のしめ縄を切る。（唐崎と同様） ここに神事が終る。	（記述なし）
神楽奉納	（記述なし）	10 月 17 日、神楽参殿、獅子舞奉納。

競馬・流鏑馬	9 月 9 日、騎者が神前に拝礼し女装を軍服に改める。 イザネが采を振ると、馬を馳せて遅速を争う。3 回を行う。	10 月 17 日、馬 2 頭、衣裳替え、弓を受け取る。 出陣の神事 申の上刻、総イザネが大祓を左右に大きく 3 度振る。この合図で一斉に発進。 8 頭の馬は鳥居から仮宮の所、樹齢凡そ 2 百年の所から引き返す。この行動を 3 度繰り返す。 ヤブサメは裏参道から社前で、矢を 3 度射る。
山車の巡行	9 月 9 日、祭山車、錺（かざり）台は各村年々新意考え、参観者の賞賛を望む。	10 月 17 日、山車は大坊山の東側・所定の場所で、連込行事中はお囃子は鳴らしてはならない。 昼の神事が終了して、午後 5 時頃から山車祭。山車は前日同様検段前で検証を受けて仮宮前まで 3 度往復し、各字のイザネ邸に引き揚げて行く。 大祭が終了する。
記録者・記名押印	是すなわち当社伝来の大祭事なり （神社の所蔵品目録の記載は略す） 右之通り相違無之候也 明治二十八年九月 右神社惣代 [illegible] 同社掌 新井直[illegible]	昭和 59 年 8 月吉日 以上追想で記す 宮下清五

＊宮下清五は祭典の年を昭和 7 年と記したが、昭和 8 年が正しい。

（4）東善町の山車とお囃子

祭り会場に据えられた山車

毎年 8 月の第 1 土曜日には東善公園で納涼祭を開催しています。祭りの日に先立ち、1 週間前に山車の清掃を行い、祭りの当日の午前には、山車の飾り付けを行います。午後、模擬店のテントが立ち並ぶ祭り会場の中央に、色鮮やかに飾り付けした山車が据えられます。近年は交通量の増加のため、安全を考慮し、道路には曳き出しません。祭りが開会すると、初めに保存会長から子どもたちの練習内容などの紹介があります。この後、小学生の男子・女子のグループ、そして年配者へとお囃子の競演が続きます。午後２回に分けて、各１時間にわたって山車囃子は披露されます。太鼓を前に、拍子を合わせ、ひたすらバチを振り下ろす子どもたちのグループ、その後に習熟したバチさばきの大人の奏者へと交代し、笛に鉦、太鼓の音が鳴り渡り、祭りを盛り上げます。

子どもに続いて、ベテランの大人のお囃子

子どもたちは７時から８時半まで、祭りの前日まで５日間毎日の練習が続く。

東善町の山車が始まったのは、江戸末期から明治初期といわれています。当町内の山車については、日枝神社の７カ村の中で一番古い山車と伝えられています。大正時代には駒形町に山車を貸し出した写真が現存しており、その特徴的な破風の屋根と赤い鬼板の“㊀”（一番）により、東善の山車と確認できます。

当時のお囃子の太鼓については、「さんてこ」「新かごまる」「かんだまる」などがありました。大正 14 年と昭和８年に開催された山王祭りには、昔日の武具、競走馬と共に山車も揃い盛大に挙行されました。昭和８年の大祭に繰り出した東善の山車とその前に勢ぞろいした人々を捉えた貴重な写真も残っています（左写真）。山王祭もその後は途絶えましたが、昭和53年に

日枝神社の大祭に繰り出した東善の山車（昭和８年）『前橋市の昭和』より

45 年ぶりに復活し、山車や神楽獅子などが繰り出されました。東善町の山車は、昭和 8 年以降、戦前・戦中に山車の屋根の部材（破風）以外は所在不明となっていました。しかし、町民の努力で残っていた破風を利用して新たに山車を再生することができました。

山車囃子も以来、経験者の指導で町内の後継者に引き継がれています。現在では、こども健全育成会の協力をいただき、一週間の練習を経て、毎年開催される東善公園内の納涼祭の会場で町民に披露しています。

(5) 上佐鳥町上野の山車と祇園囃子

平成 29 年 8 月 6 日（日）、上野地区の町内を飾り立てた山車が巡行し、お囃子が鳴り響きました。平成 16 年以来、13 年ぶりの町内総出による山車を組み立てての巡行が実現しました。

上野集落内を巡行する山車

雨で 1 週間順延された当日は " 待ってました " とばかりの好天。朝 8 時には西光寺門前の山車の上では、おそろいの祭半纏のよく似合う奏者により、本番に備え、すでに気合いの入ったお囃子の練習が始まります。

太鼓を叩くのは小学 6 年生

西光寺住職による安全祈願の後、いよいよ出陣は午前 10 時、山車は大勢の町内外の老若男女に引かれ、13 年ぶりにお囃子と共に動き出しました。順路は公道を巡行することから町内の駐在さんがしっかり安全をフォローし、人々の活気と賑わいはまさにテレビでよく観る、祇園祭さながらのものとなりました。

春日神社の前を通り、町内を巡行し12時には西光寺に戻る行程。数回の水分補給休憩で、スイカをほおばり予定通りの巡行となりました。

上野の山車の創建は明治期とされますが、戦前の記録や伝承はたどれません。昭和20年代には上佐鳥町の秋祭に上野、新町、中原、西原の4地区（廓）が一緒に山車を出しています。その後、上野では昭和53年、平成16年の秋祭に山車の巡行と大人、子どものお囃子も行っています。

お囃子の継承は祭りが近づくと経験者が指導し伝えてきました。古老は13年ぶりのバチでも身体が覚えているといいます。今回は高学年の小学生から5人を選抜し、鉦と太鼓のたたきからの練習が始まりました。太鼓の練習は古タイヤで、その昔は膝をたたいて練習したそうです。週3回、4週間の練習を経て本番を迎えました。

今の子どもたちは塾や習い事が多く練習日程調整も大変、でもよく頑張りました。練習も毎回楽しいと言ってくれた子どもたちの笑顔が印象的でした。

〈参考・引用文献〉

『国史大辞典』1982 年　国史大辞典編集委員会編　吉川弘文館

『日本民俗宗教辞典』1998 年　東京堂出版

『飯玉神社太々御神楽～由来とあゆみ～』2002 年

中澤 憶夫編集『春日神社と太々神楽のメモリー』1997 年　上佐鳥町自治会長・春日神社太々神楽保存会長＊

瀬戸正弘『上陽郷土記』1992 年　＊

細野友重『宮地町の今昔』2008 年　＊

近藤義雄『上州の神と仏』1996 年　煥乎堂

『群馬県史―通史編 10- 年表索引』1992 年　群馬県史編さん委員会

『群馬県史通史編 7』1991 年　群馬県史編さん委員会

『群馬県史―資料編 26- 民俗 2』1982 年　群馬県史編さん委員会

『群馬県史―資料編 27- 民俗 3』1980 年　群馬県史編さん委員会

『勢多郡誌』　勢多郡誌編纂委員会　1958 年

『佐波郡誌』1923 年　群馬縣佐波郡役所編纂

『前橋市史』第 1 巻　1971 年　前橋市史編さん委員会

『前橋市史』第 3 巻　1975 年　前橋市史編さん委員会

『群馬県百年史 上巻』1971 年　群馬県

『群馬県百年史 下巻』1971 年　群馬県

『上川渕村誌』1979 年　上川渕村誌編纂委員会

『群馬県町村会史』1988 年　群馬県町村会

『角川日本地名大辞典（10）群馬県』1988 年　角川書店

『前橋南部の民俗―上川淵・下川淵・旧木瀬地区―』1993 年　前橋市教育委員会

『ぐんまの獅子舞調査報告書』2015 年　公益財団法人群馬県教育文化事業団

『群馬の獅子舞』1983 年　群馬獅子舞保存会　発行責任者 新井圭

『祇園祭と山車・屋台調査報告』1976 年　群馬県教育委員会

『前橋の山車と屋台』2014 年 前橋市教育委員会

古野清人『獅子の民俗』32　民俗双書　1977 年　岩崎美術社

今井侶元『棚島を温ねて』2002 年　＊

『玉村町誌通史編　下巻二』1995 年　玉村町

『群馬県神社輯覧』1928年　群馬県学務部編、群馬県神職会
『上野国寺院明細帳 1』1993年　群馬県文化事業振興会
『上野国寺院明細帳 7』1997年　群馬県文化事業振興会
『上野国郡村誌 4　群馬郡（1）』1981年　群馬県文化事業振興会
『上野国郡村誌 14　佐波郡』1986年　群馬県文化事業振興会
『前橋の文化財』1988年　前橋市教育委員会

＊非売品

あとがき

上川淵地区郷土民俗資料館は、「先人が残した伝統と遺産を今に再現し後世に伝えたいと地域全体の願いを込め」、地区内25自治会からなる上川淵地区自治会連合会により平成6年に設立され、以来、今日まで、多くのボランティア活動によって支えられ、地区独自の学習施設として館の整備拡充を図り、また地域の歴史、民俗の掘り起こしと公開活動を進めてきました。

平成25年1月から、この5年間には、太々神楽、獅子舞、天王祭り、石尊様、念仏行事、山車祭りなどの調査と公開を年次的に実施しました。

この調査の進め方としては、現在も地区全体の祭事として今に引き継がれ実施されている行事を対象とし、まず、これら行事の年間予定の情報を自治会から得ることから始めました。祭り当日には資料館スタッフによる取材と同時に、祭りを直接担っている方々が自ら調査、記録化することを基本としました。記録化は次世代への継承に役立つことにもなります。その公開も、また当事者からの実感のこもったレポートにより資料館情報誌などへ寄稿していただくことで、大方の賛同と協力を得ました。

伝統行事の取材や聴き取り調査では、現在の祭りの様子と昔の様子、由来を重点項目としました。昔の行事・祭りの様子については、昭和20年代頃までのことも、直接携わった経験や見聞きした記憶として聴き取りができる長老もまれな存在となっています。それでも当時の貴重な体験談や関連資料を得る機会に幾度も恵まれました。

このたびの伝統行事と埋もれつつある由来や歴史の掘り起こし、その公開の活動を通して、地域の方々、また活動拠点の資料館との間の共感、協力の関係づくりが一歩進みました。今後さらなる活動の継続と広がりが課題となります。

前橋市では、全市域を対象に公民館単位で21のプロジェクトチームからなる第2期歴史文化遺産活用委員会を発足させました。平成27、28年度の2年度にわたり、各地域の埋もれた歴史文化遺産を調査・発掘することが目的でした。

上川淵地区では、佐藤明人、長井隆、狩野邦彦の3人が委員に委嘱されました。3人からの提案で、上川淵地区郷土民俗資料館が実施してきた伝統行事と祭りの調査活動の成果が、「市民自らが調査、発掘した成果を発表する場」とする前橋学ブックレット創刊の趣旨につながり、そのシリーズの一冊として収録されることになりました。ブックレットの刊行は、行事を担っている方々をはじめ、多くの関係者にとっても、励みとなり、助力になると思われます。本書が上川淵地区からのブックレットの第1号として、当地区の歴史文化遺産の活用と地域づくりに貢献できるならば幸いに思います。

ブックレット編纂に当たり、ご尽力をいただきました各位に改めて御礼を申し上げます。

平成30年12月

上川淵地区郷土民俗資料館館長　高橋　喜紀

〈執筆者一覧〉

執筆者	役職など（在住地）	執筆分担
村田　喜久	春日神社太々神楽元舞子・上川淵地区郷土民俗資料館専門委員（上佐鳥町）	1-(2)・1-(3)
中島　竹雄	春日神社太々神楽元舞子・座長（上佐鳥町）	1-(4)・4-(2)
佐藤　明人	上川淵地区郷土民俗資料館支援委員（広瀬町三丁目）	1-(1)・2-(1)・2-(7)・4-(1)・7-(1)・7-(3)　コラム4・参考文献・編集
中澤　丈一	春日神社太々神楽元舞子・県議会議員（上佐鳥町）	コラム2
長井　　隆	前橋学市民学芸員・上川淵地区郷土民俗資料館支援委員（山王町一丁目）	3-(1)・コラム6・8・編集
中澤　正尉	上川淵地区郷土民俗資料館友の会会員（上佐鳥町）	2-(2)・4-(3)・6-(2)
塚田　森利	飯玉神社御神楽保存会顧問・上川淵地区郷土民俗資料館副館長（後閑町）	1-(5)・1-(6)・1-(7)・2-(4)・3-(2)
細野　健一	宮地町自治会会長（宮地町）	2-(3)
高橋　喜紀	上川淵地区郷土民俗資料館館長（下佐鳥町）	2-(5)・3-(5)・4-(6)・あとがき
阿佐美克行	朝倉町下朝倉自治会会長（朝倉町）	2-(6)
田鍋喜一郎	西善町西善自治会会長（西善町）	2-(8)・3-(3)
月田　一郎	東善町伝統行事保存会会長（東善町）	2-(9)
細野　茂夫	宮地町自治会会長・上川淵地区郷土民俗資料館支援委員（宮地町）	3-(4)・4-(4)
手島　　仁	前橋学センター長（下佐鳥町）	はじめに　コラム1・3・5・7
亀井　和雄	西善町上両家平成28年年番（西善町）	3-(6)・4-(5)
今井　文人	樋島町自治会会長（樋島町）	4-(8)
狩野　邦彦	上川淵地区生涯学習奨励員連絡協議会会長（西善町）	4-(9)・5-(1)　6-(1)・コラム11・編集
狩野　久夫	上川淵地区郷土民俗資料館専門委員（西善町）	5-(2)　5-(3)・コラム9・10
村田　耕作	西善町下両家自治会会長（西善町）	6-(3)
瀬戸　紀一	東善町伝統行事保存会会長（東善町）	4-(7)・7-(4)
星野　和則	上川淵地区生涯学習奨励員連絡協議会副会長（山王町）	7-(2)
桜井　得受	上佐鳥町上野伍長（上佐鳥町）	7-(5)

創刊の辞

前橋に市制が敷かれたのは、明治25年（1892）4月1日のことでした。群馬県で最初、関東地方では東京市、横浜市、水戸市に次いで4番目でした。

このように早く市制が敷かれたのも、前橋が群馬県の県庁所在地（県都）であった上に、明治以来の日本の基幹産業であった蚕糸業が発達し、我が国を代表する製糸都市であったからです。

しかし、昭和20年8月5日の空襲では市街地の8割を焼失し、壊滅的な被害を受けました。けれども、市民の努力によりいち早く復興を成し遂げ、昭和の合併と工場誘致で高度成長期には飛躍的な躍進を遂げました。そして、平成の合併では大胡町・宮城村・粕川村・富士見村が合併し、大前橋が誕生しました。

近現代史の変化の激しさは、ナショナリズム（民族主義）と戦争、インダストリアリズム（工業主義）、デモクラシー（民主主義）の進展と衝突、拮抗によるものと言われています。その波は前橋にも及び、市街地は戦禍と復興、郊外は工業団地、住宅団地などの造成や土地改良事業などで、昔からの景観や生活様式は一変したといえるでしょう。

21世紀を生きる私たちは、前橋市の歴史をどれほど知っているでしょうか。誇れる先人、素晴らしい自然、埋もれた歴史のすべてを後世に語り継ぐため、前橋学ブックレットを創刊します。

ブックレットは研究者や専門家だけでなく、市民自らが調査・発掘した成果を発表する場とし、前橋市にふさわしい哲学を構築したいと思います。

前橋学ブックレットの編纂は、前橋の発展を図ろうとする文化運動です。地域づくりとブックレットの編纂が両輪となって、魅力ある前橋を創造していくことを願っています。

前橋市長　山本　龍

mBOOKLet

前橋学ブックレット⑯

上川淵地区の伝統行事と祭り

発行日／2019年3月22日 初版第1刷

企　画／前橋学ブックレット編集委員会

編　著／上川淵地区郷土民俗資料館

〒371-8601　前橋市大手町2-12-9　tel 027-898-6994

発　行／上毛新聞社事業局出版部

〒371-8666　前橋市古市町1-50-21　tel 027-254-9966

ISBN 978-4-86352-229-9

ブックデザイン／寺澤　徹（寺澤事務所・工房）

前橋学ブックレット〈既刊案内〉

❶日本製糸業の先覚 速水堅曹を語る（2015年）
石井寛治／速水美智子／内海　孝／手島　仁
ISBN978-4-86352-128-5

❷羽鳥重郎・羽鳥又男読本 ―台湾で敬愛される富士見出身の偉人―（2015年）
手島　仁／井上ティナ（台湾語訳）
ISBN978-4-86352-129-2

❸剣聖 上泉伊勢守（2015年）
宮川　勉
ISBN978-4-86532-138-4

❹萩原朔太郎と室生犀星 出会い百年（2016年）
石山幸弘／萩原朔美／室生洲々子
ISBN978-4-86352-145-2

❺福祉の灯火を掲げた 宮内文作と上毛孤児院（2016年）
細谷啓介
ISBN978-4-86352-146-9

❻二宮赤城神社に伝わる式三番叟（2016年）
井野誠一
ISBN 978-4-86352-154-4

❼楫取素彦と功徳碑（2016年）
手島　仁
ISBN 978-4-86352-156-8

❽速水堅曹と前橋製糸所 ―その「卓犖不羈」の生き方―（2016年）
速水美智子
ISBN 978-4-86352-159-9

❾玉糸製糸の祖　小渕しち（2016年）
古屋祥子
ISBN 978-4-86352-160-5

❿下馬将軍 酒井雅楽頭の菩提寺　龍海院（2017年）
井野修二
ISBN 978-4-86352-177-3

⓫ふるさと前橋の刀工 ―古刀期～近現代の上州刀工概観―（2017年）
鈴木　叡
ISBN 978-4-86352-185-8

⓬シルクサミット in 前橋 ―前橋・熊本・山鹿・宇都宮・豊橋―（2017年）
前橋学センター編
ISBN 978-4-86352-189-6

⓭老農・船津伝次平の養蚕法（2017年）
田中　修
ISBN 978-4-86352-193-3

⓮詩のまち　前橋（2018年）
久保木　宗一
ISBN 978-4-86352-215-2

⓯南橘地区の筆子塚からみる庶民教育（2018年）
南橘地区歴史文化活用遺産委員編
ISBN 978-4-86352-225-1

各号　定価：本体600円＋税